EL FENÓMENO DEL K-POP

SUS ORÍGENES, SU EVOLUCIÓN Y FUTURO -
RECORRE LA HISTORIA DE LOS IDOLS DE
PRIMERA A QUINTA GENERACIÓN Y EXPLORA LAS
FUERZAS DETRÁS DE ESTA SENSACIÓN GLOBAL

HALLYU PRESS

Diseño de portada por Kostis Pavlou

1ª Edición 2025

A John Walter

El maestro de The Jazz Age que abrió los ojos de sus estudiantes al hecho de que

la historia impulsa la música, mientras la música impulsa la historia.

ÍNDICE

INTRO

¿CÓMO ES posible que una canción que no entiendes, interpretada por un artista del que nunca has oído hablar y que ni siquiera es tan atractivo según los estándares convencionales de belleza, se convierta de repente en el himno de un movimiento global? Eso fue lo que ocurrió cuando "Gangnam Style" de PSY irrumpió en escena en el año 2012.

No sólo se convirtió en el primer video de YouTube en alcanzar los mil millones de visitas, sino que se transformó en la banda sonora de un cambio cultural, introduciendo a millones de personas en el electrizante mundo del K-pop. Pero no te engañes, ¡esta no fue solo una moda pasajera! Fue la punta de un iceberg mucho más grande, que llevaba décadas creciendo bajo la superficie.

Avancemos rápidamente hasta el año 2024, el K-pop ha pasado de ser un curioso momento viral a una de las fuerzas más influyentes del entretenimiento moderno. Millones de fans alrededor del mundo escuchan canciones coreanas que quizá no entiendan, aprenden complicadas coreografías de baile de sus "idols" favoritos y forman poderosas comunidades que cruzan continentes. Pero, ¿cómo llegamos hasta aquí? ¿Cómo se convirtió la música de una nación asiática relativamente desconocida, a la sombra de sus hermanos más prominentes, en un gigante cultural que rivaliza -y a menudo supera- a la música pop occidental en alcance e influencia mundial?

El K-pop no es sólo un género musical; es un fenómeno cultural. Su influencia va mucho más allá de Corea del Sur, impactando en vidas y economías a lo largo de todo el mundo. Desde las bulliciosas calles de Seúl hasta los gigantes estadios de conciertos de Los Ángeles, el K-pop ejerce una atracción magnética difícil de resistir. Influye en la moda, el lenguaje e incluso las relaciones internacionales.

Este libro explora la historia del K-pop a través de sus capítulos cubriendo sus orígenes, evolución, artistas clave y la mecánica de la industria. Examinaremos su impacto global y su significado cultural. Descubriremos cómo el K-pop se convirtió en algo más que música: un ecosistema cultural completo que abarca moda, belleza, tecnología y cambio social.

Una nota para los lectores: es posible que observen algunas repeticiones al volver a cubrir ciertos acontecimientos o personajes. Esto es intencional. La historia del K-pop, influenciada por los avances tecnológicos, factores socioeconómicos y la globalización, no se presta a una narrativa lineal. Las distintas "generaciones" de idols sólo pueden entenderse dentro de estos contextos superpuestos. Hemos estructurado el libro para captar mejor esta historia compleja e interconectada, entretejiendo de vez en cuando datos curiosos para mantener el interés.

¿A quiénes está dirigido este libro? A los apasionados fans del K-pop que viven y respiran este género. A los estudiantes curiosos que quieren entender qué hace que el K-pop funcione, o a quienes quieren saber por qué su hijo adolescente se interesó de repente por aprender la lengua coreana o empezó a pedir productos coreanos para el cuidado de su piel.

Tanto si eres un fan entregado que se sabe de memoria cada coreografía de BTS, como si simplemente sientes curiosidad por saber cómo una forma de arte surcoreana llegó a dominar el entretenimiento mundial, este libro ofrece una mirada en profundidad a uno de los fenómenos culturales más notables de nuestro tiempo. Bienvenidos al mundo del K-pop: donde la tradición se encuentra con la innovación, donde Oriente se encuentra con Occidente, y donde la música sigue derribando barreras que antes creíamos imposibles de cruzar.

CAPÍTULO 1

ANTES DEL K-POP
LAS RAÍCES MUSICALES Y CULTURALES DEL K-POP

ENCIENDE tu lista de reproducción favorita de K-pop y ponte cómodo. Detrás de esos ritmos adictivos y esas actuaciones impecables que hacen gritar a millones de fans en todo el mundo, hay una historia increíble esperando a ser contada. Pero no empieza con conciertos en estadios o videos musicales virales. Las raíces del K-pop se remontan a siglos atrás, fusionando antiguas tradiciones con innovaciones modernas, sobreviviendo a desafíos históricos y reinventándose constantemente para convertirse en el poderoso género que conocemos hoy.

Para apreciar realmente la profundidad y complejidad del K-pop, debemos explorar sus raíces. Este viaje nos lleva de las elegantes cortes de la antigua Corea a las calles de posguerra de Seúl, de las melodías tradicionales al rock de influencia occidental, y de los humildes programas de radio a las espectaculares actuaciones televisadas. Cada época, cada género y cada cambio cultural han contribuido al sonido y estilo únicos que definen al K-pop moderno.

ECOS DEL PASADO: MÚSICA TRADICIONAL COREANA

Mucho antes de los conciertos en estadios y las plataformas de streaming, la música desempeñaba un papel importante en la sociedad coreana. En los patios de los antiguos palacios, los cantantes interpretaban *gagok*, un bello y complejo estilo de música vocal que demostraba lo sofisticado que podía ser el arte coreano. Estas no eran simples actuaciones: los cantantes solistas, acompañados por instrumentos tradicionales como *el geomungo* (una cítara de seis cuerdas) y *el daegeum* (flauta de bambú), tenían que dominar piezas increíblemente difíciles que requerían tanto habilidad técnica como una profunda expresión emocional. No se trataba sólo de entretenimiento: estas representaciones eran la cumbre del logro cultural, ya que reunían poesía, música y tradiciones eruditas en una forma artística asombrosa.

La complejidad de las interpretaciones *gagok* requería años de estudio dedicado. Los vocalistas dominaban intrincadas ornamentaciones llamadas *sigimsae*, que implicaban sutiles modificaciones del tono y variaciones rítmicas. Estas técnicas encuentran paralelismos modernos en los estilos de canto melismático -cantar varias notas en una sola sílaba- de las baladas de K-pop, donde artistas como Chen, de EXO, y Solar, de MAMAMOO, demuestran una agilidad y un control vocales similares.

Más allá de los muros de los palacios, **el pansori** cautivó los corazones de la gente corriente. Esta singular forma de narración de historias estaba protagonizada por un cantante solista (*sorikkun*) acompañado por un tamborilero (*gosu*), que tejía historias épicas con potentes voces y gestos dramáticos. Las exigentes técnicas vocales del *pansori*, que requieren años de riguroso entrenamiento para lograr su característico timbre áspero, encuentran ecos modernos en el intenso entrenamiento vocal de los idols del K-pop. Los elaborados videos musicales y álbumes conceptuales del K-pop actual reflejan *la* tradición del pansori de narrar historias a través de la música.

Los intérpretes de *pansori* solían entrenarse en zonas montañosas aisladas, practicando hasta que sus voces se volvían crudas y desgastadas y desarrollaban la característica cualidad "amarga" (*sureong*) apreciada en esta forma de arte. Esta dedicación a perfeccionar el propio arte es comparable a los agotadores periodos de entrenamiento a los que se someten los trainees (trainees) del K-

pop moderno, que a veces duran entre cinco y siete años antes de
debutar.

Dato curioso: *Se dice que BTS incorporó instrumentos tradicionales
coreanos y técnicas vocales influidas por* el pansori *en la intro y el
puente de "Idol".*

La rica variedad de instrumentos tradicionales

Los instrumentos tradicionales coreanos ayudaron a dar forma a
lo que con el tiempo se convertiría en el sonido rico y diverso del
K-pop. El versátil *gayageum* (cítara de 12 cuerdas) podía expresar
emociones que iban desde la profunda tristeza a la alegría explo-
siva, mientras que los conjuntos de percusión llamados *samulnori*
creaban complejos patrones rítmicos que resuenan en los dinámicos ritmos actuales del K-pop. Los cuatro instrumentos clave
del *samulnori -kkwaenggwari* (gong pequeño), *janggu* (tambor con
forma de reloj de arena), *buk* (tambor con forma de barril) y *jing*
(gong grande)- establecieron tradiciones rítmicas que continúan
influyendo en la producción musical coreana contemporánea.

La música tradicional coreana enfatizaba el concepto de *heung*, un
estado de alegría y excitación colectivas generado a través de la
música y la danza. Esta elevación espiritual y emocional a través
de la interpretación influye directamente en el énfasis del K-pop
moderno por crear experiencias eufóricas en los conciertos y
fomentar fuertes conexiones emocionales con el público.

UNA ÉPOCA DE CAMBIO: LA MÚSICA BAJO LA OCUPACIÓN JAPONESA (1910-1945)

El año 1910 marcó el inicio del **dominio colonial japonés en
Corea**, un periodo que duraría 35 años y dejaría una huella inde-
leble en todos los aspectos de la sociedad coreana, incluida su
música.

Bajo el dominio japonés, la música tradicional coreana se enfrentó
a severas restricciones. El gobierno colonial impuso medidas
estrictas para suprimir la cultura coreana y promover las costum-
bres japonesas. Muchos instrumentos y canciones tradicionales

coreanos fueron prohibidos o fuertemente restringidos, lo que obligó a los músicos a adaptarse a los estilos japoneses o a pasar a la clandestinidad para preservar su patrimonio.

Pero la música coreana no se limitó a desaparecer u ocultarse, sino que evolucionó. Una de las introducciones más significativas durante este periodo fue *el enka*, un género de música popular japonesa. Las melodías melancólicas y las sentidas letras del enka resonaron en muchos coreanos, que se encontraban en un estado de confusión cultural y emocional. Los músicos coreanos empezaron a incorporar elementos *del enka* en sus obras, mezclando estilos musicales japoneses con los suyos propios.

Sin embargo, la música también se convirtió en una poderosa forma de resistencia. En la clandestinidad, surgió una vibrante escena de canciones de protesta. Estas melodías patrióticas, a menudo interpretadas en secreto, mantuvieron viva la identidad coreana durante los tiempos más oscuros. La música se convirtió en algo más que un entretenimiento: era un salvavidas de continuidad cultural y un faro de esperanza.

El legado de este periodo en la música coreana es complejo. Representa tanto una época de supresión cultural como un catalizador de la innovación musical. Esta dualidad -el dolor de la opresión y la creatividad nacida de la adversidad- sigue resonando en las intrincadas armonías y poderosas interpretaciones del K-pop moderno.

DE LA GUERRA AL RENACIMIENTO: EL NACIMIENTO DEL POP COREANO (1950-1960)

El fin del dominio japonés en 1945 no trajo la paz inmediata a la península coreana. Apenas cinco años después de salir del dominio colonial, la nación se vio inmersa en otro conflicto catastrófico. **La Guerra de Corea** (1950-1953) estalló cuando las fuerzas norcoreanas, apoyadas por la Unión Soviética y China, invadieron Corea del Sur el 25 de junio de 1950. Estados Unidos y las fuerzas de las Naciones Unidas acudieron rápidamente en ayuda de Corea del Sur, lo que condujo a una devastadora lucha de tres años que se cobró millones de vidas y dejó la península coreana dividida en el paralelo 38, una división que persiste hasta hoy.

Tras este brutal conflicto, Corea del Sur se enfrentó a la monumental tarea de reconstruir una nación destrozada. En este contexto de trauma nacional y de lucha por la recuperación, la música surgió como una poderosa fuerza de sanación y unidad.

Un género musical llamado *Trot* (트로트) se convirtió en la banda sonora de la posguerra surcoreana. *El Trot* representaba una fusión única de influencias musicales, mezclando elementos de melodías tradicionales coreanas con *el Enka* japonés y las recién descubiertas influencias americanas aportadas por la presencia del ejército estadounidense.

Dos artistas se convirtieron en voces icónicas de la era del *Trot* en la posguerra: Lee Mi-ja y Nam Jin. El éxito de Lee Mi-ja de 1964 "Camellia Lady" (동백 아가씨), a pesar de haber sido prohibido en su momento por su tono melancólico, resonó profundamente en muchos coreanos. La metáfora de la canción, que compara la resistente flor de la camelia con el espíritu perdurable del pueblo coreano, caló hondo en los oyentes. Nam Jin, conocido por su voz conmovedora y su carismática presencia escénica, añadió nuevas capas emocionales al *Trot*.

Mientras tanto, la presencia de bases militares estadounidenses en Corea del Sur se convirtió en un importante conducto de influencias musicales occidentales. La **American Forces Korea Network (AFKN)** una red de radio y televisión para el personal militar, familiares y civiles en la República de Corea, introdujo a los coreanos en un amplio abanico de música occidental, desde el jazz y el rock hasta el pop.

La década de los 60 fue testigo del auge de la música rock en Corea del Sur. Surgieron bandas como **The Add4** y **Key Boys**, que llevaron la energía del rock 'n' roll al público coreano. **Shin Joonghyun**, a menudo llamado el "Padrino del Rock Coreano", desempeñó un papel fundamental en este movimiento. Su grupo, The Add4, fue uno de los primeros en introducir la guitarra eléctrica al público coreano, revolucionando la escena musical local.

Durante esta época, **The Kim Sisters** se convirtieron en uno de los primeros grupos coreanos que triunfaron en los Estados Unidos. Inicialmente, actuaban en bases militares americanas en Corea, pero acabaron ganando popularidad en el extranjero y haciendo numerosas apariciones en programas de televisión emblemáticos, como *The Ed Sullivan Show*. Su éxito mostró el talento coreano al público internacional y, a su vez, expuso a Corea del Sur a los estilos musicales occidentales, contribuyendo a la evolución de la escena musical local.

LA OLA OCCIDENTAL: ROCK, BALADAS Y LOS INICIOS DEL K-POP (AÑOS 70-PRINCIPIOS DE LOS 90)

A medida que Corea continuó modernizándose en las décadas de 1970 y 1980, la escena musical experimentó un cambio significativo. La música pop occidental estableció firmemente su presencia, y artistas como Michael Jackson y Madonna se convirtieron en nombres muy conocidos en Corea del Sur.

Este periodo sentó las bases para la aparición del K-pop moderno. Artistas como **Cho Yong-pil** desempeñaron un papel clave en esta transición, fusionando elementos del pop y el rock occidentales con estilos musicales coreanos. Su pulida producción y su amplio atractivo ayudaron a popularizar la música coreana contemporánea, allanando el camino para la ola de K-pop impulsada por idols que llegaría una década después.

La década de 1980 marcó el comienzo de una nueva era de baladas coreanas que desafiaron el dominio del Trot. Artistas como Cho Yong-pil y **Lee Moon-sae**, inspirados en la música occidental pero con una sensibilidad claramente coreana, fueron pioneros de este estilo emergente. Sus canciones -como "La mujer fuera de la ventana" de Cho y " Viejo amor " de Lee- se convirtieron en hitos culturales, con melodías conmovedoras y letras introspectivas que reflejaban las complejidades de la sociedad coreana moderna.

La fusión de elementos musicales occidentales y coreanos creó una rica mezcla de sonidos. Los músicos coreanos adoptaron instrumentos occidentales como la guitarra eléctrica, la batería y el sintetizador, incorporándolos a sus composiciones. No se trataba de meras imitaciones, sino de una mezcla creativa que conservaba la esencia de las tradiciones musicales coreanas.

Dato curioso: El rápido ascenso económico de Corea del Sur entre los años 60 y 90 fue apodado el Milagro del Río Han. *En pocas décadas, Corea del Sur pasó de la pobreza de la posguerra a convertirse en una potencia económica mundial, y la región del río Han de Seúl simboliza este impresionante crecimiento.*

EL PODER DE LAS ONDAS: LA RADIODIFUSIÓN Y LA FORMACIÓN DEL K-POP

A medida que evolucionaba la música popular coreana, las redes de radiodifusión desempeñaron un papel fundamental en la configuración de la escena musical del país. La **Korean Broadcasting System (KBS)**, creada en 1927, lideró inicialmente esta revolución como primera emisora de radio nacional, llevando la música a los hogares de todo el país. A través de la radio, la KBS hizo accesible al público una amplia gama de géneros musicales, ayudando a democratizar el consumo de música en una época en la que no todo el mundo tenía acceso a actuaciones en vivo y en directo.

En 1961, surgió **la Munhwa Broadcasting Corporation (MBC)**, que rápidamente se hizo conocida por su enfoque en el entretenimiento. Los programas de radio de la MBC, junto con los de la KBS, se convirtieron en plataformas de lanzamiento de nuevos artistas, influyendo en los gustos del público y ayudando a presentar géneros y artistas emergentes a los oyentes de toda Corea del Sur.

Los programas de radio fueron el principal medio de difusión de la música durante las décadas de 1950 y 1960. Sin embargo, a medida que avanzaba la tecnología, **la televisión** comenzó a eclipsar a la radio. Esta transición supuso un cambio importante en la forma de experimentar la música, convirtiéndola en un medio visual además de auditivo.

A finales de los años 70, programas como *MBC Singing Stations* llevaron las actuaciones en directo a los hogares de todo el país, permitiendo que el público viera actuar a sus artistas favoritos en lugar de limitarse a escucharlos por la radio. Por primera vez, los espectadores podían verlo todo -las expresiones, la presencia escénica, la moda-, creando una conexión más profunda entre los fans y los artistas.

Luego llegó el *Gayo Top 10*. Piensa en él como la versión coreana de los años 80 del *Billboard Hot 100* o de las listas virales de TikTok de hoy en día. Lanzado por la KBS en 1981, este programa de TV semanal hacía un recuento de las canciones más populares en Corea, de forma muy parecida a como lo hacen ahora los programas musicales *M Countdown* o *Music Bank*. Los artistas interpretaban sus últimos éxitos, compitiendo por el primer puesto, y todo el país sintonizaba para ver quién llegaba al nº 1. Conseguir un puesto alto en *el Gayo Top 10* podía crear o desmoronar el éxito de una canción, impulsando las ventas de álbumes y convirtiendo a artistas desconocidos en sensaciones de la noche a la mañana. No era sólo un programa de TV; era donde nacían las tendencias musicales coreanas.

La evolución continuó en la década de 1990, con la llegada de programas musicales especializados como *Inkigayo* (1991) y *Music Bank* (1998). Estos programas consolidaron aún más la importancia de las actuaciones musicales televisadas. Los escenarios semanales en directo y los rankings competitivos hicieron de la televisión una parte esencial de la carrera de un artista, sirviendo como barómetros del éxito en la industria. Estos programas fueron decisivos para promover la emergente cultura de los idols del K-pop, donde la estética, el baile y la puesta en escena adquirieron tanta importancia como la interpretación vocal.

Otros programas emblemáticos enriquecieron aún más este panorama. *El Concurso Nacional de Canto de la KBS*, que comenzó en 1980, aportó un enfoque único al viajar a diversas regiones de Corea del Sur, dando a los talentos locales la oportunidad de brillar en un escenario nacional. Este programa ayudó a muchos artistas a conseguir su primera exposición nacional y sigue siendo una institución muy querida.

A medida que se acercaba el nuevo milenio, las fronteras entre la música y otras formas de entretenimiento comenzaron a difuminarse. **Programas de variedades** como *Happy Together* (2001) y *Running Man* (2010) presentaban regularmente a grupos de idols y solistas, lo que permitía a los fans ver un lado diferente de sus artistas favoritos. Los grupos de idols tuvieron que demostrar que eran artistas capaces de entretener al público y adaptarse a los desafíos y al acelerado ritmo de estos programas.

La influencia de la radiodifusión en la música coreana fue más allá de los programas musicales. Los jingles publicitarios se convirtieron en canciones de éxito, y las bandas sonoras de los dramas coreanos encabezaron las listas de éxitos cuando los fans se enamoraron de la música de sus series favoritas. Esta estrecha relación entre la TV y música creó algo especial en Corea: una canción no era sólo una canción, sino parte de una experiencia de entretenimiento más amplia.

Esta poderosa combinación de TV y música funcionó perfectamente para todos los implicados. Las cadenas de TV conseguían nuevas actuaciones y contenidos para sus programas, mientras que los artistas obtenían nuevas formas de llegar a sus fans. Este sistema simbiótico ayudó a desarrollar nuevos talentos, fomentó las ideas creativas y preparó el terreno para que el K-pop se convirtiera en el fenómeno global que es hoy.

EL CONTEXTO CULTURAL: LOS VALORES QUE DIERON FORMA AL K-POP

Comprender el K-pop requiere profundizar en la cultura y los valores coreanos. Estos fundamentos culturales han moldeado profundamente tanto el funcionamiento de la industria del K-pop como la forma en que sus artistas ven su papel como intérpretes y figuras públicas.

El confucianismo: Un legado de jerarquía y respeto

Durante siglos, la sociedad coreana ha estado moldeada por el confucianismo, un conjunto de creencias y valores originarios de China. Estos principios se entretejieron de tal modo en la cultura coreana que aún hoy influyen en la forma de relacionarse de la gente. En su esencia, el confucianismo valora **el respeto a la autoridad, la dedicación a la familia y anteponer la armonía del grupo a los deseos individuales**.

Estos valores son especialmente visibles en el sistema de jerarquía del K-pop, donde los artistas más jóvenes (*hubae*) muestran un claro respeto a sus mayores (*sunbae*). Ya sea inclinándose ante los artistas veteranos entre bastidores o dejándoles hablar primero en las entrevistas, estas tradiciones ayudan a mantener la armonía y la unidad dentro de los grupos y de la industria en su conjunto. Esta estructura de respeto no sólo se aplica a las interacciones entre diferentes grupos: incluso dentro del mismo grupo, los miembros más jóvenes siguen el ejemplo de los mayores, creando la disciplina y el trabajo en equipo por los que es famoso el K-pop.

Los valores confucianos también hacen hincapié en la importancia de trabajar constantemente en uno mimos para mejorar. Esto explica en gran medida el intenso sistema de entrenamiento del K-pop, donde pasar años perfeccionando las habilidades de canto, baile y lenguaje no sólo se espera, sino que se celebra. Cuando oyes hablar de trainees de K-pop que practican durante más de 12 horas al día o ves que BTS siguen tomando clases de baile en la cima de su éxito, estás presenciando este antiguo valor cultural en acción. No se trata sólo de trabajar duro; se trata de la arraigada creencia de que siempre se puede mejorar.

Una cultura de trabajo duro y altas expectativas

Corea del Sur es famosa por su cultura del "trabajo duro": no se trata sólo de hacerlo lo mejor posible, sino de ser el mejor. Esta mentalidad ayudó a transformar el país, que en la década de 1950 era uno de los más pobres del mundo, en la potencia económica que es hoy. En coreano, llaman *geunmu* (근무) a esta dedicada ética del trabajo, y puedes verla en todas partes, desde las escuelas a los lugares de trabajo, pasando por las salas de entrenamiento de K-pop.

Tomemos como ejemplo la educación. Los estudiantes coreanos no sólo van a la escuela normal: muchos pasan las tardes en *hagwons* (academias extraescolares) estudiando hasta altas horas de la noche. Compiten por entrar en los mejores institutos y universidades, igual que los trainees de K-pop compiten por debutar en sus compañías. Imagínate pasar todo el día en la escuela, luego estudiar hasta medianoche y volver a hacerlo todo de nuevo mañana. Así es la vida normal de la mayoría de los adolescentes coreanos.

Este intenso impulso hacia el éxito tiene un nombre especial en coreano: *yeolsimhi* (열심히), que significa dar el 100% en todo lo que haces. Para los idols del K-pop, esto significa:

- Practicar rutinas de baile hasta que sean perfectas
- Entrenar sus voces durante horas todos los días
- Aprender varios idiomas para conectar con los fans internacionales
- Mantener una imagen pública impecable
- Mantenerse siempre competitivo en un sector saturado

¿Suena agotador? Lo es. Al igual que los estudiantes que luchan contra el estrés de los exámenes, los idols se enfrentan a menudo al agotamiento provocado por estas intensas expectativas. Aunque esta ética de trabajo ha creado algunos de los mayores éxitos del K-pop, también demuestra lo difícil que es el camino hacia el estrellato.

En su esencia, el K-pop encarna siglos de cultura coreana. Su famoso entrenamiento riguroso refleja los valores confucianos tradicionales, mientras que sus espectaculares actuaciones se basan en la larga herencia artística de Corea. El talento innovador del K-pop refleja una cultura que siempre se ha adaptado al cambio manteniendo intacta su identidad. Por eso, aunque los videos y conciertos del K-pop puedan parecer totalmente modernos, en realidad son expresiones frescas de valores y tradiciones profundamente coreanos, prueba de que el atractivo global puede crecer a partir de auténticas raíces locales.

CAPÍTULO 2

EL NACIMIENTO DEL K-POP

LOS PIONEROS Y LA PRIMERA GENERACIÓN DE ESTRELLAS DEL K-POP: AÑOS 90-PRINCIPIOS DE LA DÉCADA DEL 2000

AL COMENZAR la década de 1990 en Seúl, se podía intuir que algo grande estaba a punto de ocurrir. La ciudad estaba cambiando rápidamente: se levantaban nuevos edificios por todas partes, los jóvenes bullían de energía y de ideas frescas. Corea del Sur estaba en la cúspide de una transformación cultural, y en este ambiente dinámico estaba a punto de surgir un fenómeno musical. Esta es la historia del nacimiento del K-pop, una historia de creatividad, resiliencia y el impulso de una nación por reinventarse a sí misma.

EL AMANECER DE UNA NUEVA ERA: COREA DEL SUR EN LA DÉCADA DE 1990

Visualiza la ciudad de Seúl, una bulliciosa metrópolis donde lo antiguo se encuentra con lo nuevo, a principios de los 90. Las calles bullen con el ruido de las obras de construcción y la energía: el sonido de un país en plena transformación. Corea del Sur se había convertido por fin en una verdadera democracia, y se podía sentir el entusiasmo por todas partes.

El año 1992 marcó un momento crucial en la historia de Corea del Sur. Tras más de tres décadas de régimen militar, Corea del Sur eligió a un presidente civil, Kim Young-sam, que asumió el cargo en 1993. En su asunción al poder, dijo algo que los surcoreanos habían esperado escuchar durante generaciones: "Hoy, estamos entrando **en una nueva era de democracia civil** en la que el pueblo es el verdadero dueño del país".

Una ola de optimismo y apertura mental se extendió por Corea del Sur. Los jóvenes se agolpaban en cafés y parques, hablando libremente de cosas que habría sido arriesgado discutir sólo unos años antes: política, arte, sus sueños para el futuro. Todo el país sentía que por fin respiraba libremente, dispuesto a crear algo nuevo.

Este cambio en la política lo cambió todo. Los artistas que habían sido censurados durante años por fin podían expresarse libremente. Los músicos comenzaron a experimentar con nuevos estilos, tanto si trabajaban en estudios subterráneos como en lujosos edificios corporativos. La música coreana estaba a punto de explotar de creatividad.

Cuando Corea se enriqueció, la cultura pop explotó

A medida que la economía de Corea del Sur se disparaba y Seúl se llenaba de rascacielos, los jóvenes querían entretenimiento hecho en Corea, para Corea. La ciudad era ultramoderna, con Internet rápido y enormes distritos comerciales. El auge de la cultura de consumo significaba que los jóvenes coreanos ya no buscaban sólo cosas básicas: querían experiencias que les permitieran expresarse y divertirse.

Esta nueva generación tenía algo que sus padres no tuvieron: **tiempo y dinero para gastar en entretenimiento**. Eran cultos, conocían la tecnología y tenían hambre de música fresca e innovadora. Las compañías de entretenimiento notaron este mercado sin explotar y comenzaron a experimentar con nuevos estilos de música pop que atrajeran a estos oyentes jóvenes y urbanos.

La revolución de Internet en Corea: Preparando el escenario

A mediados de los años 90, mientras la mayoría de los países se limitaban a tener Internet por línea telefónica, Corea del Sur apostó por las conexiones de alta velocidad. A finales de la

década, entrar en cualquier cibercafé de Seúl (llamados "*PC bang*")
era como dar un paso hacia el futuro. Los jóvenes podían conectarse a Internet, compartir música y relacionarse con otros que
amaban a los mismos artistas.

Este Internet super rápido resultó ser perfecto para el K-pop.
Mientras otros países aún estaban descubriendo la música digital,
las empresas coreanas de entretenimiento ya estaban compartiendo videos musicales de alta calidad y conectándose con los
fans por Internet. Con este **enfoque de "lo digital primero",** es
decir, hacer que todo estuviera disponible en línea desde el principio, el K-pop estaba preparado para globalizarse de una forma
que otras escenas musicales no lo estaban, permitiendo a los fans
de todo el mundo acceder a actuaciones, videos musicales y contenido entre bastidores con una facilidad increíble.

Creando un nuevo tipo de música

Por la noche, Seúl cobraba vida con la música que brotaba de
todos los clubes, cafés y rincones. Los jóvenes músicos coreanos
tomaban lo que les gustaba del hip-hop, el R&B y el pop estadounidense, dándole su propio giro. No se limitaban a copiar la
música occidental, sino que creaban algo nuevo que se sentía
como exclusivamente coreano.

Por toda la ciudad, los artistas comenzaron a probar este nuevo
estilo. Mezclaban elementos de distintos tipos de música, sin
miedo a experimentar y romper las reglas. Esta libertad creativa y
voluntad de probar cosas nuevas acabaría dando lugar a lo que
hoy conocemos como K-pop, un estilo que acabaría conquistando
el mundo.

SEO TAIJI AND BOYS: LOS REVOLUCIONARIOS

En medio de todo esto, el 11 de abril de 1992 ocurrió algo sísmico
en el popular concurso de talentos de la MBC. Tres jóvenes,
vestidos con ropas holgadas y gorras hacia atrás, se presentaron
ante las cámaras. La música comenzó y, en cuestión de segundos,
se hizo evidente que algo extraordinario estaba ocurriendo.

Se trataba de Seo Taiji and Boys, y estaban a punto de cambiar la música coreana para siempre.

La actuación que conmocionó a la nación

Cuando Seo Taiji, Yang Hyun-suk y Lee Juno lanzaron su canción debut, "Nan Arayo (Lo sé)", el público del estudio se quedó inicialmente atónito y en silencio. La canción no se parecía a nada que hubieran escuchado antes: una mezcla dinámica de rap, hip-hop y ritmos de baile, que rompía con los estilos convencionales de la música pop coreana de la época.

La potente voz de Seo Taiji cortaba el aire, y sus letras trataban temas sociales que resonaron profundamente entre los jóvenes del público. La coreografía era nítida y enérgica, con movimientos tomados del hip-hop estadounidense pero impregnados de un estilo distintivamente coreano.

Cuando terminó la actuación, hubo un momento de silencio... y luego el estudio estalló. Los aplausos fueron ensordecedores, los vítores casi desesperados en su intensidad. En las salas de estar de toda Corea, los espectadores estaban atónitos, muchos rebobinando sus videograbadoras para ver la actuación una y otra vez.

Dato curioso: Los jueces de aquella fatídica noche claramente no entendían qué les había golpeado. ¡Les dieron a Seo Taiji and Boys la puntuación más baja de la noche! Obviamente, todos los demás estuvieron en desacuerdo.

Las secuelas: Un terremoto cultural

En los días y semanas siguientes, "Nan Arayo" se convirtió en una sensación nacional. Encabezó las listas de éxitos, dominó la radiodifusión y provocó encendidos debates en escuelas y oficinas de todo el país. Algunos coreanos mayores se escandalizaron por el estilo y el mensaje poco convencionales del grupo, pero los jóvenes del país sintieron por fin que alguien les entendía.

A medida que Seo Taiji and Boys lanzaban más música, su influencia no hacía más que crecer. Cada nueva canción ampliaba los límites, introduciendo al público coreano en géneros como el rap-rock, el techno y el hardcore.

Su canción de 1994 "Classroom Idea" se convirtió en un himno para los estudiantes frustrados por el rígido sistema educativo coreano. La letra, mordaz y sin disculpas, resonó en millones de personas:

"¿Por qué no hay nada más que estudiar? Es como si fuera un loro aprendiendo a hablar. ¿Qué diferencia hay entre el hombre y la máquina? Si no hay nada más que la necesidad de subir nuestras calificaciones..."

La controvertida letra provocó **prohibiciones** de transmisiones públicas y **censura**, pero la canción desencadenó una conversación nacional sobre la reforma educativa, demostrando el poder de la música para impulsar el cambio social.

Pero no se trataba sólo de la música. Miraras donde miraras, los adolescentes coreanos copiaban su estilo de hip-hop y su ropa urbana. Y lo que es más importante aún, los jóvenes seguían su ejemplo al alzar su voz sobre los problemas de la sociedad.

Seo Taiji and Boys no sólo cambiaron lo que la gente escuchaba o cómo se vestía. Su voluntad de abordar cuestiones sociales en sus letras inspiró a una generación a pensar de forma crítica sobre el mundo que les rodeaba.

El legado: Sentando las bases del K-pop

Como suele decirse, todo lo bueno se acaba. En 1996, en la cima de su popularidad, Seo Taiji and Boys anunciaron que se separaban. Los fans estaban desolados, pero ya habían cambiado la música coreana para siempre y habían sentado las bases de una nueva era de la cultura pop surcoreana.

Seo Taiji and Boys fueron como los abuelos del K-pop actual. La forma en que mezclaban diferentes estilos musicales, sus atrevidas elecciones de moda y el hecho de que no tuvieran miedo de hablar de temas sociales, todo ello se convirtió en el ADN del K-pop moderno. Los artistas que conoces hoy, desde BTS a BLACKPINK, se basan en lo que iniciaron Seo Taiji and Boys. Demostraron que la música pop coreana podía ser algo más que mero entretenimiento: podía transmitir algo importante sin dejar de ser increíblemente popular.

EL AUGE DE LOS GRUPOS DE IDOLS: H.O.T. Y SECHS KIES

A medida que se asentaba el polvo del fenómeno Seo Taiji and Boys, todo el mundo estaba hambriento por la próxima gran novedad en la música coreana. El apetito de música fresca y juvenil era insaciable, pero ¿cómo podría aprovechar la industria musical este nuevo impulso? Lee Soo-man, un ex cantante folk y visionario, creía tener la respuesta.

A través de su empresa, SM Entertainment, Lee imaginó un nuevo enfoque sistematizado para crear estrellas del pop desde cero. No sólo buscaba cantantes con talento: quería crear artistas completos que pudieran cantar, bailar y cautivar el corazón de la gente. ¿Su plan? Reunir a jóvenes talentos, formarlos intensivamente en todo, desde el baile hasta los idiomas, y convertirlos en pulidas superestrellas. Este fue el principio de lo que hoy conocemos como grupos de idols del K-pop.

El nacimiento del ídolo del K-pop: H.O.T.

En 1996, SM Entertainment lanzó H.O.T. (High-five Of Teenagers), presentando el primer "**grupo de idols**" moderno en el sentido del K-pop. Este grupo no era sólo una banda; era un fenómeno cuidadosamente elaborado dirigido al público joven. Los cinco miembros fueron seleccionados y entrenados rigurosamente para ser perfectas estrellas del pop. Inspirados en el concepto japonés de "idols", que se refería a los artistas populares, H.O.T. dio a esta idea un giro claramente coreano. Cada miembro tenía un papel y una personalidad únicos, lo que permitía a los fans elegir a sus favoritos, una fórmula que pronto se convertiría en un sello distintivo del K-pop.

Su single de debut, "Candy", se convirtió en un éxito instantáneo con su melodía pegadiza y su letra juguetona. Pero no fue sólo la canción lo que atrajo a los fans: las rutinas de baile sincronizado, los llamativos trajes y las cuidadas imágenes de H.O.T. formaron un paquete completo que atrajo a los jóvenes de toda Corea.

Surge una intensa cultura de fans

A medida que la popularidad de H.O.T. se disparaba, emergió un nuevo fenómeno: el superfan. Estos devotos seguidores, en su mayoría chicas adolescentes, se organizaron con disciplina y precisión militares. Conocidos como el "Club H.O.T.", convirtieron los conciertos de H.O.T. en espectáculos de cánticos sincronizados, entusiasmo inquebrantable y trajes blancos coordinados, creando inmensos mares de blanco -el color oficial de H.O.T.- que se convirtieron en una característica distintiva de las actuaciones del grupo.

Esta intensa cultura de fans no se limitaba a los conciertos. Los fans seguían meticulosamente cada detalle de la vida de los idols, desde sus elecciones de moda hasta sus apariciones públicas. Este nivel de devoción y organización sentó las bases de lo que se convertiría en una característica definitoria del K-pop: el fandom apasionado, organizado y leal.

Dato curioso: los fans de H.O.T. también agitaban globos blancos al ritmo de la música, inventando lo que más tarde se convertiría en esos sticks luminosos que se ven hoy en día en todos los conciertos de K-pop.

Entra Sechs Kies: El nacimiento de las rivalidades del K-pop

El éxito invita a la competencia. Después de que H.O.T. se convirtiera en un gran éxito, otras compañías se apresuraron a desarrollar sus propios grupos de idols. Entre ellas estaba DSP Media, que lanzó a Sechs Kies (que significa "seis cristales" en alemán) en 1997.

Desde el principio, Sechs Kies se comercializó como rival directo de H.O.T. Mientras que H.O.T. representaba un atractivo pulido, Sechs Kies adoptó una imagen más dura y rebelde, posicionándose como los "chicos malos" del K-pop. Su single debut, "School Anthem", presentaba un sonido atrevido y una letra que hablaba en contra del rígido sistema educativo coreano, resonando entre los estudiantes que se sentían abrumados por la presión de las expectativas académicas.

Los Sechs Kies acumularon rápidamente una base de fans entregados. Conocidos como los "Yellow Kies" (Kies amarillos) por su uso de globos y trajes amarillos en los conciertos, estos fans se convirtieron en los apasionados homólogos del leal "Club H.O.T." de H.O.T.

La gran guerra de los Idols

La rivalidad entre H.O.T. y Sechs Kies en los años 90 no fue se trató solamente de música: se convirtió en un movimiento cultural masivo que dividió a los jóvenes coreanos en dos bandos apasionados. Fue un momento decisivo en la historia del K-pop, en el que elegir a su grupo favorito se convirtió en parte de su identidad.

La competición entre fans fue más allá de las discusiones en las redes sociales que vemos hoy en día. Hubo enfrentamientos físicos reales entre los seguidores de H.O.T. (Club H.O.T.) y los de Sechs Kies (Yellow Kies) en colegios y conciertos. Los medios amplificaron esta rivalidad, convirtiendo cada lanzamiento de un álbum en un gran acontecimiento. Los fans compraban múltiples copias de los álbumes para ayudar a su grupo a conseguir mejores puestos en las listas de ventas, una práctica que aún se observa en la cultura K-pop actual.

Esta intensa competencia tuvo un efecto positivo inesperado: empujó a ambos grupos a mejorar constantemente. Desarrollaron coreografías más complejas, produjeron mejor música y crearon actuaciones más impresionantes. Sin darse cuenta, H.O.T. y Sechs Kies estaban estableciendo nuevos estándares para lo que se convertiría en la industria global del K-pop. Las actuaciones de grandes producciones y la intensa cultura de los fans que definen el K-pop moderno se remontan a esta rivalidad.

LA PRIMERA GENERACIÓN SE EXPANDE: VOCES DIVERSAS EN EL K-POP

Para fines de los 90, el K-pop estaba explotando gracias a grupos como H.O.T. y Sechs Kies. Su éxito abrió las puertas a una amplia gama de artistas. Si bien los grupos masculinos dominaron inicialmente la escena, pronto las ídolas femeninas comenzaron a dejar su huella.

Abriendo nuevos caminos: Los grupos de chicas

A finales de 1997, tres talentosas jóvenes llamadas **S.E.S.** (Sea, Eugene y Shoo) comenzaron a destacarse en la escena. Fueron creadas por SM Entertainment, la misma empresa que creó H.O.T. Su primera canción, "I'm Your Girl", demostró a todo el mundo que los grupos de chicas podían ser tan impactantes como los de chicos.

S.E.S. aportó algo totalmente diferente al K-pop. Mientras los grupos de chicos hacían intensos temas de hip-hop, S.E.S. se centraba en suaves melodías de R&B y pop. Tenían una imagen pulida y dulce, pero sus dotes de baile y canto eran impresionantes.

Más tarde, en 1998, DSP Media lanzó **Fin.K.L**, integrado por cuatro miembros. Estas mujeres tenían una vibra más adulta y sofisticada. Sus canciones pegaban diferente: tenían voces potentes y una profundidad emocional que realmente conectaba con los fans.

Al igual que H.O.T. y Sechs Kies tuvieron su rivalidad, S.E.S. y Fin.K.L se convirtieron en fuerzas competidoras en el K-pop. Ambos grupos se presionaron mutuamente para mejorar, estableciendo estándares más altos para las artistas femeninas. En el camino, demostraron algo importante: los grupos de chicas podían tener tanto éxito e influencia como los de chicos. Sin S.E.S. y Fin.K.L, quizá hoy no tendríamos grupos como BLACKPINK y TWICE.

Al mismo tiempo, **Baby V.O.X.**, otro grupo de chicas de DR Music, se estaba haciendo un hueco con un estilo más atrevido y vanguardista. Conocidas por sus impactantes visuales, Baby V.O.X. superó los límites de las idols femeninas, haciendo hincapié en una mezcla de atractivo sexual y talento vocal. También llamaron la atención internacional, sobre todo en China, dando un primer paso hacia la influencia global del K-pop.

Las estrellas brillan en solitario: El ascenso de BoA y Rain

Mientras los grupos dominaban los primeros años del K-pop, llegaron dos artistas solistas que dejaron huella.

Entra en escena **BoA** en el año 2000: imagina tener sólo 13 años y mostrar ya el talento de una profesional experimentada. SM Entertainment (la misma empresa detrás de H.O.T. y S.E.S.) vio algo especial en ella, y tenían razón. BoA podía cantar, bailar y llamar la atención como pocos, ganándose rápidamente el apodo de "Reina del K-pop".

Pero lo que hizo a BoA verdaderamente revolucionaria fue su éxito internacional. En lugar de centrarse sólo en Corea, grabó canciones en coreano, japonés e inglés. Esto fue revolucionario, sobre todo en Japón, donde los artistas extranjeros rara vez triunfaban. En 2002, logró algo que ningún artista coreano había hecho antes: su álbum *Listen to My Heart* alcanzó el n° 1 en la lista musical *Oricon* ("el *Billboard* de Japón").

Luego, en 2002, llegó Rain (Jung Ji-hoon). Si BoA era la reina, Rain se convirtió en el nuevo rey del K-pop. De la mano de JYP Entertainment, aportó algo fresco: bailes increíbles, voces suaves y una presencia escénica que hacía imposible apartar la mirada de él. No se quedó sólo en Corea: su éxito en mercados como China y Japón dejó entrever el creciente potencial del K-pop para llegar a todo el mundo. Incluso logró algunos avances en los Estados Unidos, actuando en el teatro Madison Square Garden y consiguiendo papeles en películas de Hollywood como *Speed Racer* y *Ninja Assassin*.

Juntos, BoA y Rain demostraron que los artistas de K-pop podían triunfar como solistas y, lo que es más importante, que el entretenimiento coreano podía funcionar en todo el mundo. Ayudaron a allanar el camino a las actuales estrellas globales del K-pop.

Por su parte, **PSY** debutó durante esta época en el año 2001 con un enfoque musical extravagante y satírico que se desmarcaba de los pulidos idols de la época. Aunque su éxito mundial, "Gangnam Style", no llegaría hasta años más tarde, el estilo único y el humor mordaz de PSY sentaron las bases de su éxito posterior, mostrando la diversidad de lo que podía ser el K-pop.

El K-pop se diversifica: Algo más que solo pop bailable

A finales de los 90, el K-pop estaba creciendo más allá de los grupos de pop con bailes sincronizados. Diferentes estilos musicales comenzaron a hacerse notar, dando a los fans más variedad para elegir.

Tomemos como ejemplo a **Nell**, que debutó en 1999. Mientras que la mayoría del K-pop era alegre y brillante, Nell llegó con un estilo totalmente distinto: una especie de rock alternativo con letras profundas y melodías taciturnas. Se parecían más a Coldplay que a los típicos grupos de K-pop, y ofrecían algo a los fans que querían música con otro tipo de profundidad emocional.

Luego llegó **1TYM** (pronunciado "One Time"), que introdujo el verdadero hip-hop en el K-pop en 1998. De la mano de YG Entertainment (la misma empresa que más tarde nos daría a BIGBANG y BLACKPINK), sus miembros Teddy Park, Oh Jinhwan, Song Baekkyoung y Danny Im hacían algo más parecido al hip-hop estadounidense. Su estilo ayudó a allanar el camino para el K-pop cargado de rap que escuchamos hoy en grupos como Stray Kids y BTS.

En 1998, **Shinhwa** debutó, destacándose rápidamente por su versatilidad. Aunque empezaron con una fórmula dance-pop, pronto incorporaron R&B, hip-hop y baladas a su música. Temas como "T.O.P." y "Perfect Man" mostraban suaves voces y potentes coreografías, mientras que álbumes posteriores abrazaron conceptos más maduros y ricos musicalmente. Su adaptabilidad y longevidad demostraron que los idols del K-pop podían crecer con su público, inspirando a las generaciones futuras.

En 1999, **g.o.d (Groove Over Dose)** salió a escena con fuertes influencias de R&B. En lugar de centrarse en éxitos bailables, se hicieron famosos por baladas emotivas que contaban historias reales sobre la familia y las luchas de la vida cotidiana. Eran los narradores de R&B del K-pop: sus canciones conectaban con personas de todas las edades porque cantaban sobre experiencias con las que todos podían identificarse.

Ese mismo año, **Fly to the Sky** debutó como el primer dúo de SM Entertainment, haciendo una declaración audaz en un mar de grupos de chicos y chicas. Su música se basaba sobre todo en baladas R&B, centrándose en letras sinceras y armonías vocales más que en coreografías llamativas. Canciones como "Sea of Love" y "Missing You" destacaron por su profundidad emocional y pulida producción, atrayendo a los fans que ansiaban un lado más introspectivo del K-pop. Su éxito ayudó a popularizar el R&B como elemento básico del repertorio musical de la industria.

Estos grupos demostraron que el K-pop podía ser más que una sola cosa: podía incluir rock, hip-hop, R&B y prácticamente cualquier estilo de música, siempre que conectara con la gente. Muchos de los grupos de K-pop actuales mezclan todos estos estilos, pero estos artistas fueron de los primeros en romper el molde.

LA PRIMERA GENERACIÓN: UNA BASE PARA EL FUTURO

El año 2000 marcó un punto de inflexión en el que el K-pop pasó de ser simple música a convertirse en un poderoso movimiento cultural.

Las calles de Seúl reflejaban la creciente influencia del K-pop. Gigantescos carteles publicitarios de grupos de idols dominaban las esquinas. Su música salía de los altavoces de las tiendas, convirtiéndose en la banda sonora cotidiana de la ciudad, de forma parecida a como los éxitos pop llenan hoy Times Square.

Internet transformó la cultura de los fans. Seguidores entregados se agolpaban en los cibercafés (*PC bangs*) para conectarse en línea, compartiendo fotos y noticias sobre sus artistas favoritos. Estas primeras comunidades online formaron el modelo del actual fandom digital del K-pop.

Entre clase y clase, los estudiantes practicaban los movimientos de baile de los idols en los patios de las escuelas. El K-pop se había convertido en algo más que música: los jóvenes emulaban todo lo relacionado con sus estrellas favoritas, desde la coreografía hasta la moda.

Las primeras estrellas del K-pop ejercieron una gran influencia cultural. Cuando Tony Ahn, de H.O.T., se tiñó el pelo de rubio, se creó una tendencia nacional. Las atrevidas elecciones de moda de **Lee Hyori** de Fin.K.L. inspiraron a las jóvenes a expresarse con más confianza.

Estos artistas también abordaron temas serios. Grupos como g.o.d y Seo Taiji and Boys escribieron letras sobre problemas reales: la presión académica, las normas sociales y la política. Despertaron conversaciones importantes entre los jóvenes sobre la sociedad y la cultura.

CUANDO ESTAS ESTRELLAS de primera generación maduraron, muchas se pasaron a la televisión y la interpretación. Esta evolución contribuyó a que el K-pop creciera más allá de la música y se convirtiera en una completa industria del entretenimiento. Estos pioneros crearon los cimientos de la actual escena global del K-pop, en la que artistas como BTS y BLACKPINK influyen en la cultura de todo el mundo, al igual que hicieron sus predecesores en Corea.

CAPÍTULO 3

LA OLA COREANA Y EL K-POP

EL AUGE DE HALLYU

ANTES DE CONTINUAR TRAZANDO el viaje generacional del K-pop, hagamos una pausa para explorar la ola cultural que lo ha impulsado a las costas mundiales. A principios de la década del 2000, Corea del Sur hizo algo increíble: convirtió su cultura en una de sus mayores exportaciones. Este movimiento recibió un nombre especial: "Hallyu" (한류) o "La Ola Coreana".

Pero el Hallyu no era sólo el K-pop que triunfaba en las listas de éxitos de todo el mundo. Fue más que eso: los programas de televisión coreanos (K-dramas), las películas, la comida, la moda y los productos de belleza comenzaron a ponerse de moda en todo el mundo. De repente, la gente de todo el mundo aprendía coreano, probaba rutinas coreanas para el cuidado de la piel y ansiaba una barbacoa coreana.

El momento era perfecto. Cuando Internet hizo que el mundo estuviera más conectado, Corea estaba preparada con contenidos asombrosos. Mientras que la primera generación de estrellas del K-pop (como H.O.T. y S.E.S.) se había centrado principalmente en Asia, las siguientes generaciones se subirían a esta Ola Coreana para alcanzar la fama mundial.

Esta explosión cultural no ocurrió por accidente: **Corea la hizo de manera intencionada.** Tras enfrentarse a tiempos económicos difíciles a finales de la década de 1990, el país se dio cuenta de que el entretenimiento y la cultura podían ser tan valiosos como fabricar teléfonos o automóviles. Invirtieron mucho en su industria del entretenimiento, y esa apuesta dio sus frutos a lo grande.

Entender el Hallyu ayuda a explicar por qué grupos como BTS y BLACKPINK se convirtieron en sensaciones globales. No fueron éxitos al azar, sino parte de un movimiento mayor que convirtió la cultura pop coreana en un fenómeno mundial.

Dato curioso: *El término "Hallyu" fue popularizado por periodistas chinos a finales de la década de 1990, cuando observaron que los dramas y la música coreanos ganaban popularidad rápidamente en China.*

DE LA CRISIS ECONÓMICA AL PODEROSO MOVIMIENTO CULTURAL

En 1997, Corea del Sur se enfrentó a un grave desafío económico. **La Crisis Financiera Asiática** golpeó a toda la región y, de repente, este país -conocido por gigantes de la fabricación como Samsung y Hyundai- se encontró con graves problemas financieros. Su economía, que había sido increíblemente fuerte, sufrió un dramático declive.

Pero en lugar de centrarse únicamente en reconstruir sus industrias tradicionales, los dirigentes coreanos tomaron una decisión audaz. Observaron su industria del entretenimiento -la música, los programas de televisión y las películas- y reconocieron su potencial sin explotar como valioso material de exportación.

La estrategia fue innovadora: Mientras otros países se centraban en las exportaciones tradicionales durante la recuperación económica, Corea optó por invertir fuertemente en sus industrias creativas. Se dieron cuenta de que el entretenimiento podía ser una exportación tan valiosa como los teléfonos inteligentes o los automóviles.

Esta decisión de invertir en entretenimiento y cultura fue bastante revolucionaria en su momento. La mayoría de los países con problemas económicos no pensarían: "Vamos a invertir dinero en crear estrellas del pop". Pero Corea vio el potencial de sus industrias creativas, y este planteamiento creativo sentó las bases de lo que se convertiría en un fenómeno cultural mundial.

Cuando Corea convirtió la cultura pop en una ciencia

Mientras el gobierno dirigido por el presidente Kim Dae-jung decidía hacer famosa la cultura coreana en todo el mundo, al mismo tiempo, a **Lee Soo-man** (el cerebro de SM Entertainment) se le ocurrió un concepto descabellado: lo llamó **"Tecnología Cultural"**.

Así como Samsung tenía un proceso específico para fabricar teléfonos de alta tecnología, Lee pensó que podían crear una forma sistemática de hacer canciones exitosas y estrellas mundiales. No se trataba sólo de hacer música, sino de crear toda una fórmula para el éxito.

La idea era innovadora pero sencilla: tratar el contenido cultural como una tecnología que pudiera desarrollarse, perfeccionarse y comercializarse globalmente. Así como Samsung y LG dominaron la industria electrónica, Corea pretendía convertirse en líder de las exportaciones culturales.

Al gobierno le encantó esta idea y le prestó su apoyo con cuatro grandes medidas:

1. **Incentivos financieros**: Concedieron a las empresas de entretenimiento exenciones fiscales y subvenciones, lo que permitió a empresas como SM Entertainment y YG Entertainment asumir mayores riesgos en la promoción internacional de sus artistas, por ejemplo, enviando a sus artistas a actuar al extranjero.
2. **Mejores instalaciones**: Reconociendo la necesidad de unas instalaciones de primera clase, el gobierno invirtió en recintos como el Estadio Olímpico de Seúl, que se convirtió en un centro vital para los conciertos de K-pop a gran escala, ayudando a la industria a montar el tipo de espectáculos por los que ahora son famosos.
3. **Iniciativas educativas**: Financiaron escuelas de arte y programas universitarios de gestión del entretenimiento.

Aunque las grandes empresas del espectáculo tenían sus propios programas de formación intensiva, estas escuelas ayudaron a crear un entorno en el que dedicarse a la música no se consideraba sólo un sueño.

4. **Internacionalización**: Crearon programas para ayudar a los artistas coreanos a trabajar con estrellas internacionales. Esto ayudó a los artistas coreanos a aprender nuevos estilos y a establecer contactos en todo el mundo.

Aunque las grandes empresas de entretenimiento (SM, YG y JYP) hicieron el trabajo pesado de crear estrellas del K-pop, el apoyo del gobierno desempeñó un papel importante para que prosperara el Hallyu. El apoyo público y la innovación privada juntos, convirtieron al K-pop en la potencia mundial que conocemos hoy.

LA OLA COREANA COMIENZA A CRECER

A finales de los 90 y principios de los 2000, comenzó a ocurrir algo sorprendente. Todas aquellas audaces estrategias del gobierno coreano empezaron a dar sus frutos. La cultura coreana -no sólo el K-pop, sino también los dramas, las películas e incluso la comida- ganó adeptos en los países asiáticos vecinos.

Los K-dramas abren el camino

Los programas de TV coreanos (K-dramas) fueron los pioneros, los primeros en abrirse camino. No eran los típicos programas de TV. Con su calidad cinematográfica, sus argumentos adictivos y sus actores supercarismáticos, engancharon a la gente enseguida.

Imagina que pasas por delante de una tienda de electrónica en Pekín en el año 2002. El dueño tiene un televisor en la vidriera emitiendo un drama coreano. Antes de que te des cuenta, hay toda una multitud mirando, completamente compenetrada con la historia. Entre la multitud, hay una chica que tararea la canción principal del programa, una canción de K-pop que consiguió de un CD copiado. Escenas similares se desarrollaban por toda Asia.

Para el 2003, dos K-dramas estaban haciendo historia. *Sonata de invierno*, una historia de amor sobre la pérdida y las segundas oportunidades, hipnotizó a Japón. Las japonesas de mediana edad se desmayaban por Bae Yong-joon, el actor principal, llamándole cariñosamente "Yon-sama". El primer ministro japonés, Junichiro Koizumi, llegó a bromear: "Bae Yong-joon es más conocido que yo en Japón".

Por su parte, *La joya del palacio* (*Dae Jang Geum*), un drama histórico sobre una cocinera real, obtuvo una audiencia masiva en China, Taiwán y Hong Kong. Su episodio final obtuvo la asombrosa suma de un 47% de audiencia en Hong Kong, casi la mitad de su población.

Estos dramas hacían algo más que entretener: ofrecían a la gente su primera visión real de la cultura coreana. Los espectadores se enamoraron de todo, desde la comida coreana hasta la moda. Querían visitar Seúl y aprender coreano. Los programas posteriores fueron aún más creativos. Como *Mi amor por la estrella* (sobre un extraterrestre que se enamora de una estrella de cine) y *Descendientes del sol* (sobre un soldado y una doctora que se enamoran en una zona de guerra), se convirtieron en enormes éxitos e influenciaron todo, desde lo que la gente vestía hasta a dónde querían viajar.

Estos K-dramas se convirtieron básicamente en embajadores no oficiales de Corea, tendiendo puentes entre países mejor de lo que podría hacerlo cualquier político.

K-pop: La banda sonora de la ola coreana

Mientras los K-dramas cautivaban los corazones de toda Asia, el K-pop les seguía de cerca. Empresas como SM, YG y JYP Entertainment adoptaron un enfoque único: un riguroso entrenamiento de idols, una fusión de pop occidental y asiático, y actuaciones de baile sincronizado. El resultado fue un producto pulido con un atractivo universal.

En una tienda de música de Tokio en 2001, se veían adolescentes reunidos alrededor de una estación de escucha para oír a BoA, la primera estrella del K-pop que irrumpió en el difícil mercado musical japonés. Sus canciones en japonés abrieron de par en par las puertas del K-pop en Japón a futuros artistas.

Las pegadizas melodías, los dinámicos efectos visuales y los carismáticos idols del K-pop cautivaron a toda Asia y pronto harían lo mismo en todo el mundo.

LA REVOLUCIÓN DIGITAL: HALLYU 2.0

Los últimos años de la década del 2000 y los primeros de 2010 marcaron un nuevo capítulo en la conquista mundial del entretenimiento coreano, conocido como "Hallyu 2.0". Esta nueva era se centró en cómo Internet y las redes sociales cambiaron las reglas del juego de la cultura pop coreana, ayudándola a extenderse más allá de Asia.

Cuando **YouTube** se lanzó en 2005, revolucionó la forma en que las personas descubrían el entretenimiento coreano. Antes, tenías que ver videos musicales de K-pop en canales de TV asiáticos. Sin embargo, ahora, cualquier persona con acceso a Internet podía verlos en cualquier momento y en cualquier lugar. Esto abrió las puertas del entretenimiento coreano a públicos totalmente nuevos y creó comunidades de fans en todo el mundo.

A mediados de la década de 2010, plataformas como **Netflix** comenzaron a ofrecer contenido coreano de manera significativa. Consiguieron licencias de populares dramas coreanos, como *Descendientes del Sol*, e incluso empezaron a crear sus propias series coreanas, como *Kingdom*. Esto llevó la narrativa coreana a espectadores que, de otro modo, nunca la habrían descubierto.

El momento "Gangnam Style"

Es el año 2012, y un adolescente brasileño está navegando por YouTube. Se tropieza con el "Gangnam Style" de PSY, un video musical que *lo* cambiaría *todo*. Con su melodía pegadiza, su baile estrafalario y sus coloridos efectos visuales, se convirtió en el primer video de YouTube en alcanzar los mil millones de visitas.

Este no fue solo un video viral; fue la introducción del K-pop a millones de nuevos fans en todo el mundo.

El poder de lo digital

Esto fue Hallyu 2.0, la segunda ola del entretenimiento coreano, impulsada por Internet. El contenido coreano ahora estaba a solo un clic de distancia para cualquier persona interesada. Los grupos de K-pop crearon bases de fans internacionales, los dramas coreanos encontraron espectadores más allá de Asia y los programas coreanos de variedades, como *Running Man*, se convirtieron en contenidos imprescindibles en todo el mundo. Lo que empezó como un éxito regional en Asia se había transformado en un fenómeno cultural mundial.

EL EFECTO HALLYU MÁS ALLÁ DEL ENTRETENIMIENTO

La Ola Coreana se extendió mucho más allá del entretenimiento, transformando la economía, la diplomacia y la influencia cultural de Corea del Sur.

El impacto económico

En 2019, las exportaciones culturales de Corea del Sur alcanzaron unos 12.300 millones de dólares. El Hallyu impulsó industrias como la del turismo, la moda y la cosmética. Justo antes de la pandemia, los distritos comerciales de Seúl estaban abarrotados de turistas de todas partes, deseosos de experimentar el mundo de los dramas y el K-pop de primera mano, comprando productos coreanos para el cuidado de la piel, ropa y álbumes de K-pop. No sólo compraban productos, sino que se llevaban a casa piezas de la cultura coreana.

La belleza y la moda despegan

Los productos de belleza coreanos (K-beauty) se han convertido en un fenómeno mundial. La moda coreana también explotó, sobre todo cuando las estrellas de K-pop y los actores de K-drama vestían determinadas marcas. Estos famosos llegaron a ser tan influyentes que las grandes marcas de moda de lujo los querían como representantes. Cuando se paseaban por los aeropuertos o aparecían en las alfombras rojas, lo que llevaban se solía agotar al instante.

Relaciones internacionales e influencia

La cultura pop coreana logró algo extraordinario: cambió por completo la forma en que el mundo veía a Corea del Sur. Incluso líderes mundiales como Barack Obama y Emmanuel Macron han hablado de lo influyente que ha llegado a ser la cultura coreana. Corea del Sur transformó su imagen de país devastado por la guerra a creador de tendencias mundiales.

Una vez que el gobierno vio lo poderoso que podía ser el K-pop en las relaciones internacionales, comenzó a utilizarlo inteligentemente. Las embajadas coreanas comenzaron a organizar eventos de K-pop en todo el mundo para entablar amistad con otros países. En un concierto de amistad Corea-China celebrado en Shanghái, se reunieron fans de ambos países porque amaban la misma música. Estos actos hicieron algo más que entretener: ayudaron a aliviar las tensiones entre países y abrieron nuevos mercados para los productos coreanos.

La explosión del aprendizaje del idioma

A medida que el entretenimiento coreano se extendía por todo el mundo, más gente quería aprender coreano. Entre 2010 y 2018, el número de estudiantes de coreano en todo el mundo creció espectacularmente. Muchos aficionados querían entender sus canciones y programas favoritos sin depender de los subtítulos. Organizaciones como el Instituto King Sejong, que promueve la enseñanza del coreano, se expandieron para satisfacer esta creciente demanda.

Este interés por la lengua fue más allá: muchos fans empezaron a aprender también sobre la historia y las tradiciones de Corea. Aprender coreano se convirtió en una forma de conectar más profundamente con la cultura de la que se habían enamorado a través del K-pop y los K-dramas.

LA OLA ALCANZA NUEVAS ALTURAS

El impacto del Hallyu siguió creciendo, abriendo nuevos caminos. En 2020, *Parásitos* hizo historia como la primera película de habla no inglesa en ganar el Oscar a la Mejor Película. La película del director Bong Joon-ho no sólo era entretenida: era una brillante mezcla de humor negro y crítica social que hizo reflexionar al público de todo el mundo. Demostró que el cine coreano podía competir con lo mejor de Hollywood e incluso superarlo.

Entonces llegó en 2021 *El juego del calamar* en Netflix, que se convirtió en uno de los programas más vistos del mundo. Este intenso drama sobre gente desesperada que juega a versiones mortales de juegos infantiles por dinero tocó la fibra sensible de espectadores de todo el mundo. Más que un entretenimiento emocionante, hizo que la gente hablara de temas serios como la desigualdad económica y los lados más oscuros del capitalismo.

Estos éxitos demostraron algo importante: el entretenimiento coreano había evolucionado más allá de ser popular: ahora daba forma a conversaciones globales y ganaba los más altos honores del entretenimiento. Lo que empezó como una industria local del entretenimiento se había convertido en una potencia creativa capaz de influir en la forma de pensar y sentir de la gente de todo el mundo sobre temas importantes.

Dato curioso: El "Dedo corazón" o "Finger Heart"-formado por el cruce de los dedos pulgar e índice- fue popularizado por las estrellas de K-drama y K-pop como una bonita forma de mostrar amor. Comenzó en Corea del Sur a principios de la década de 2010, convirtiéndose rápidamente en un símbolo mundial de afecto y de la Ola Coreana.

DESAFÍOS Y CONTROVERSIAS: LOS OSCUROS TRASFONDOS DE LA OLA COREANA

Cuando la Ola Coreana recorrió el mundo, no sólo trajo melodías pegadizas y dramas conmovedores. Como cualquier corriente poderosa, también agitó aguas turbulentas, enfrentándose a desafíos y controversias que amenazaban con frenar su ímpetu. Exploremos el lado menos glamuroso de Hallyu.

El contragolpe: cuando la ola choca contra un muro

Imagina que corre el año 2016 y estás en una bulliciosa calle de Pekín. Mires hacia donde mires, hay anuncios con celebridades coreanas, tiendas que venden productos de belleza coreanos y cafés en los que suenan éxitos del K-pop. Pero, de repente, la música se detiene. Los carteles se caen. Parece que la Ola Coreana ha chocado contra la Gran Muralla.

Esta escena se hizo realidad cuando China, antaño un mercado masivo para el entretenimiento coreano, impuso sanciones no oficiales a las importaciones culturales coreanas a partir de 2016. ¿El motivo? **Las tensiones políticas** por el despliegue en Corea del Sur de un sistema estadounidense de defensa antimisiles, el THAAD. De la noche a la mañana, se cancelaron conciertos de K-pop, desaparecieron dramas coreanos de las plataformas de streaming e incluso las cuentas de los famosos coreanos en las redes sociales fueron desapareciendo en China.

Pero China no fue el único país que se opuso. En Japón, el sentimiento anticoreano, a menudo arraigado en **agravios históricos**, ha provocado a veces protestas contra la Ola Coreana. Algunos nacionalistas japoneses han denunciado la "invasión" de la cultura coreana, considerándola una amenaza para su propia identidad cultural. Pero aunque las tensiones políticas, como las disputas sobre cuestiones históricas o reivindicaciones territoriales, han tensado las relaciones, el K-pop y los K-dramas han seguido manteniendo una importante base de seguidores en Japón, lo que demuestra la resistencia del intercambio cultural incluso en medio de las fricciones políticas.

Estos contraataques nos recuerdan crudamente que la cultura, por muy popular que sea, nunca está totalmente separada de la política y la historia. La Ola Coreana, a pesar de todo su poder, se vio a veces atrapada en las corrientes cruzadas de las relaciones internacionales.

Corrientes culturales cruzadas: El debate sobre la apropiación

A medida que la cultura popular coreana se adentraba en aguas globales, se topó con otra tormenta: las acusaciones de apropiación cultural. Piensa en un video musical en el que los idols del K-pop llevan trenzas y cadenas de oro, haciéndose eco de la estética del hip-hop afroamericano, o en un K-drama en el que los personajes utilizaban casualmente símbolos sagrados de otras culturas como accesorios de moda.

Estos casos han suscitado acalorados debates sobre la **sensibilidad cultural y la autenticidad**. Los críticos sostienen que el entretenimiento coreano a veces toma prestados elementos de otras culturas sin la debida comprensión o respeto. Los defensores replican que esto forma parte del intercambio cultural global que fomentan el K-pop y los K-dramas.

Esta controversia resalta la complejidad de la navegación requerida a medida que la Ola Coreana interactúa con diversas culturas globales. Es un recordatorio de que una gran influencia conlleva una gran responsabilidad y la necesidad de conciencia y respeto culturales.

Las presiones de la industria: El costo oculto del éxito

Detrás de las actuaciones perfectas y las canciones pegadizas, hay una realidad más dura. La industria coreana del entretenimiento, especialmente el K-pop, se ha enfrentado a críticas por su intenso sistema de entrenamiento y la presión a la que somete a los jóvenes intérpretes. Aunque este sistema crea artistas increíblemente hábiles, la gente ha planteado serias preocupaciones sobre la **salud mental y física** de estos jóvenes intérpretes.

Varios incidentes trágicos ocurridos en los últimos años han iniciado importantes conversaciones sobre la salud mental y el trato justo en la industria. A medida que el entretenimiento coreano sigue creciendo en todo el mundo, muchos se preguntan: ¿Será demasiado alto el costo humano de este éxito?

(Examinaremos más detenidamente estas cuestiones de la industria del K-pop en próximos capítulos).

EL FUTURO DE HALLYU

De cara al futuro, la Ola Coreana no muestra signos de retroceso. Desde los K-dramas y el K-pop hasta los webtoons y los videojuegos, el contenido creativo coreano sigue encontrando nuevos públicos y superando fronteras.

El gobierno coreano sigue apoyando esta expansión cultural como parte clave de su estrategia económica, e incluso ha lanzado programas especiales como "Visita Corea Año 2023-2024" para dar la bienvenida a los turistas que regresen tras la pandemia, especialmente a los aficionados deseosos de conocer el hogar de sus artistas favoritos.

DESDE SUS HUMILDES comienzos a finales de los 90 y en la década de 2000, como forma de recuperarse de la crisis financiera asiática, hasta su estatus actual como potencia cultural mundial, la historia de la Hallyu es una historia de innovación, perseverancia y el atractivo universal del entretenimiento bien elaborado. Esta ola no sólo ha transformado el panorama del entretenimiento, sino que también ha reconfigurado la imagen de Corea del Sur en el escenario mundial.

Con esta sólida base, los artistas de K-pop están preparados para causar aún más sensación en el escenario mundial. Sus historias, que analizaremos en los próximos capítulos, muestran lo lejos que ha llegado el entretenimiento coreano e insinúan hasta dónde podría llegar.

CAPÍTULO 4

LA MÁQUINA DEL K-POP
DENTRO DEL SISTEMA DE CREACIÓN DE IDOLS

YA HEMOS MENCIONADO varias veces el sistema de formación del K-pop: cómo las empresas de entretenimiento buscan y desarrollan talentos, y cómo han convertido la creación de estrellas del pop en casi una ciencia. Pero es una parte tan crucial para entender el éxito mundial del K-pop que merece su propio capítulo.

Cuando la gente la llama la "máquina de fabricación del K-pop", no está muy lejos de la verdad. Se trata de un proceso bien coordinado que combina la búsqueda de talentos en bruto, años de intenso entrenamiento y estrategias de marketing inteligentes. Este sistema ha creado algunos de los intérpretes más hábiles de la música pop actual: artistas que pueden cantar, bailar, rapear y entretener con una precisión aparentemente sin esfuerzo.

Por supuesto, los grupos musicales creados por la industria no son nada nuevo. Tienen una larga historia en los Estados Unidos, que se remonta a los años 60 con grupos como The Monkees y continúa en los 90 con grupos como *NSYNC y los Backstreet Boys; y no olvidemos las contribuciones británicas a esta tendencia, incluidas las Spice Girls en los 90 y One Direction en la década del 2010.

Aunque estos grupos alcanzaron una popularidad masiva, sus orígenes "manufacturados" fueron a menudo ridiculizados como algo artificial o poco auténtico. En el K-pop, sin embargo, el proceso de formación de grupos a través de empresas de entretenimiento se celebra abiertamente, convirtiéndose en una parte esencial de la identidad y el encanto de la industria.

En este capítulo, correremos el telón y veremos cómo funciona este sistema: desde cómo empezó hasta cómo sigue dando forma a la música pop hoy en día. Tanto si piensas que este sistema es brillante como si lo consideras cuestionable (y mucha gente piensa que es ambas cosas), comprenderlo es clave para entender el éxito mundial del K-pop.

EL NACIMIENTO DE UNA REVOLUCIÓN

Para entender la máquina del K-pop, tenemos que viajar a mediados de los 90, tras el éxito de Seo Taiji and Boys, que sacudió a la industria. Imagínate una oficina pequeña y desordenada en Seúl, en 1995. Sentado ante un escritorio repleto de papeles y cintas de maquetas estaba **Lee Soo-man**, un ex cantante de folk con una visión. Acababa de fundar SM Entertainment, y estaba a punto de cambiar para siempre la industria musical coreana.

Mientras estudiaba en los Estados Unidos, Lee se inspiró en cómo compañías como Motown desarrollaban a sus artistas. Pero no sólo quería copiar su método, sino mejorarlo. En lugar de limitarse a encontrar cantantes o bailarines con talento, imaginó crear artistas completos mediante una formación intensiva. Llamó a este sistema **"tecnología cultural"**, una forma metódica de desarrollar y promocionar artistas.

Mientras Lee creaba SM Entertainment, otros dos visionarios ideaban sus propios planes. Cuando Seo Taiji and Boys se disolvieron en 1996, **Yang Hyun-suk**, uno de sus miembros, fundó YG Entertainment. Su visión era diferente: quería crear artistas con un estilo más rebelde y hiphopero. YG se hizo conocida por sus artistas con actitud y personalidad filosa.

En 1997, **Park Jin-young**, un exitoso artista solista, lanzó JYP Entertainment. La filosofía de Park hacía hincapié en la musicalidad y el crecimiento personal, formando artistas que no fueran meros intérpretes pulidos, sino músicos auténticos. Se centró en desarrollar el lado personal y creativo de sus trainees, con el objetivo de crear artistas completos con un fuerte sentido de la individualidad.

Estas tres empresas -SM, YG y JYP- pronto se conocieron como las **"Tres Grandes".** Moldearon la industria del K-pop durante décadas, cada una con su propio estilo y enfoque, creando una nueva generación de estrellas que prepararían el terreno para el ascenso del K-pop a la fama mundial.

Dato curioso: A principios de los 80, tras dejar su carrera de cantante, Lee Soo-man fue a estudiar ingeniería informática a la Universidad Estatal de California en Northridge, donde presenció el ascenso de "superestrellas de la generación MTV" como Michael Jackson.

CÓMO FUNCIONA EL SISTEMA

Entonces, ¿cómo funciona exactamente el proceso de creación de idols? En algunos casos, los talentos son cazados en la calle por cazatalentos de agencias, pero la mayoría pasan años preparándose y perfeccionando sus habilidades, y todos deben pasar por...

La Audición: Donde comienzan... o acaban los sueños

El primer paso en el proceso de creación de idols del K-pop es la audición. Aunque Lee Soo-man se inspiró en cierta medida en la industria del entretenimiento estadounidense, fue la industria japonesa de los idols -en particular los métodos de entrenamiento de Johnny Kitagawa- la que influyó directamente en la creación del sistema de trainees del K-pop. Lee adaptó este modelo a Corea.

En la actualidad, miles de aspirantes de todo el mundo acuden cada año a las audiciones organizadas por las agencias de entretenimiento coreanas. Aunque las audiciones siguen celebrándose principalmente en Corea, cada vez se celebran más en ciudades de todo el mundo, como Nueva York, Tokio y Bangkok, lo que refleja el creciente alcance global del K-pop.

Hagámonos una idea de cómo son estas audiciones. Es una fresca mañana de otoño en Seúl, alrededor del año 2005. Las calles están llenas de energía mientras cientos de jóvenes aspirantes hacen cola ante un edificio anodino. Algunos llevan acampando desde la noche anterior, aferrados a formularios de inscripción y botellas de agua. Hay una mezcla palpable de excitación y nerviosismo en el aire.

Entre la multitud, podemos ver a una chica joven, llamémosla Min-seo. Tiene 14 años, unos ojos brillantes y está llena de sueños. Lleva meses ensayando la canción "No. 1" de BoA, con la esperanza de que ésta pueda ser su gran oportunidad. Mientras espera, charla con el chico que está a su lado en la cola, Jae-hoon, que ha venido a mostrar sus movimientos de baile. Comparten anécdotas sobre sus idols favoritos, sobre ver *Music Bank* todos los viernes y sobre soñar con subirse a ese mismo escenario algún día.

Dentro de la sala de audiciones, el ambiente es electrizante. Hay aspirantes a estrellas llenos de esperanza por todas partes, ensayando sus rutinas en los rincones, calentando la voz, estirando las piernas o simplemente sentados en silencio, ensimismados. Cuando llaman a sus números, entran en pequeñas salas donde los jueces esperan con rostros impasibles.

Los jueces no sólo buscan habilidades pulidas, sino también potencial. Alguien que llega como bailarín puede convertirse más tarde en vocalista, o viceversa. Las agencias buscan materia prima que puedan moldear y refinar. Esto es parte de lo que hace único al sistema del K-pop: su capacidad para ver el potencial y convertirlo en estrellato.

Dato curioso: *Muchos aspirantes hacen varias audiciones para varias agencias; aunque el número de audiciones varía mucho, la persistencia suele ser clave para abrirse camino en la industria. IU (Lee Ji-eun) es famosa por haber pasado por el mayor número de audiciones del K-pop: ¡20, antes de debutar!*

LA VIDA DEL TRAINEE: UN EQUILIBRIO ENTRE SUEÑOS, EDUCACIÓN Y FORMACIÓN RIGUROSA

Los que superan las audiciones entran en la siguiente fase: la vida como trainee (aprendiz) de K-pop. Este viaje exige un increíble equilibrio de riguroso entrenamiento, trabajo académico y sacrificio personal.

Imagínate el día de Min-seo como trainee. Su alarma suena a las 5:30, despertándola en el dormitorio que comparte con otras tres trainees. A las 6:00 a.m., ya está en su primera clase de canto. Su instructora la presiona mucho y, a las 7 de la mañana, ya se dirige a su instituto, repasando mentalmente las notas con las que tuvo problemas por la mañana. En Corea del Sur, la educación no sólo es importante, lo es todo. El país se enorgullece enormemente de tener una de las tasas de graduación más altas del mundo, superior al 95%.

Desde la mañana hasta primera hora de la tarde, Min-seo intenta ser una estudiante más, lidiando con los exámenes y dramas entre amigos como cualquier otra persona. Pero mientras sus compañeros se dirigen a las clases particulares extraescolares, su otra vida la llama. Tras una jornada escolar completa, corre de vuelta al edificio de la agencia, cambiándose de ropa por el camino. El entrenamiento de baile comienza a las 16:00. Aquí también encontramos a Jae-hoon, aprendiendo una nueva coreografía con precisión militar. El entrenador no está satisfecho: "¡Más nítido, más limpio!", así que vuelven a intentarlo. La velada continúa con prácticas de canto, clases de japonés o inglés y entrenamiento en habilidades para programas de variedades, porque las estrellas modernas del K-pop tienen que ser artistas, no sólo cantantes. Tienen que saber manejar entrevistas, tratar con los fans y brillar ante la cámara.

Cuando Min-seo vuelve a su dormitorio a las 22:00, todavía tiene deberes esperándola. La presión por sacar buenas notas nunca cesa. A menudo, es más de medianoche cuando por fin puede descansar, sabiendo que otro día de la misma intensidad le espera en tan solo unas pocas horas.

Equilibrando entrenamientos y educación

La presión viene de todas partes. Los trainees deben actuar regularmente para los ejecutivos de la empresa que deciden su destino: una mala evaluación podría acabar con el sueño. Mientras tanto, no pueden dejar que sus notas bajen. Algunas empresas trabajan con escuelas que comprenden los horarios de los trainees, pero muchos de ellos asisten a escuelas normales, logrando de alguna manera hacer que todo funcione.

A medida que los trainees crecen y se acercan al debut, pueden elegir diferentes caminos para la escuela:

- Algunos se trasladan a institutos artísticos con horarios más flexibles
- Otros cambian a clases online
- Algunos trabajan con tutores privados que pueden enseñarles de acuerdo a su formación

Incluso después del debut de las estrellas del K-pop, muchas siguen estudiando más allá del instituto. Se matriculan en cursos universitarios y persiguen títulos a través de programas en línea o con acuerdos especiales. No se trata sólo de respetar la educación, también es práctico. Incluso las carreras de éxito del K-pop a menudo terminan cuando las estrellas aún son jóvenes, y tener una educación significa tener opciones.

Datos curiosos: *El periodo de formación de un trainee de K-pop puede variar de meses a años, pero se dice que la media es de 2-4 años. Jimin de BTS se entrenó entre 8 y 10 meses en Big Hit Entertainment antes de debutar. Los miembros de BLACKPINK pasaron de 4 a 6 años entrenándose. G.Soul, solista, pasó 15 años como trainee en JYP antes de debutar. G-Dragon de BIGBANG se formó durante unos 5 años en SM Entertainment cuando era niño y otros 6 años en YG Entertainment, sumando un total de unos 11 años antes de su debut.*

LA AGENCIA: ARQUITECTOS DE IDOLS

Mientras los trainees trabajan incansablemente, las agencias están igualmente ocupadas, dando forma al concepto de lo que debe ser un ídolo del K-pop. Cada una de las tres grandes agencias promociona su propio enfoque:

1. **SM Entertainment** se enfoca en crear grupos de idols pulidos, haciendo hincapié en la destreza vocal y de baile. Conocida por sus instalaciones de vanguardia y su riguroso entrenamiento, a veces se considera a SM como una "fábrica" por su enfoque altamente estructurado.
2. **YG Entertainment** hace hincapié en la individualidad artística y la autoexpresión, animando a los trainees a explorar sus propios estilos musicales. Esto ha dado lugar a artistas innovadores, especialmente en hip-hop y R&B. Los artistas de YG suelen destacar por su estilo distintivo y auténtico.
3. **JYP Entertainment** busca el equilibrio, centrándose tanto en las habilidades profesionales como en el crecimiento personal. La participación de Park Jin-young en el proceso de entrenamiento varía, pero a menudo incluye impartir lecciones de vida. Este enfoque ha producido idols versátiles y completos.

Estas agencias planifican todos los aspectos de la carrera de un ídolo, desde el estilo musical hasta los conceptos de moda y los roles individuales. Cada pieza está cuidadosamente diseñada para crear grupos y actuaciones que sean más que la suma de sus partes.

Dato curioso: *Se calcula que cada una de las "Tres Grandes" tiene entre 20 y 60 becarios a la vez, aunque las cifras varían. Las agencias más pequeñas suelen tener menos.*

Otras agencias

Aunque SM, YG y JYP han dominado durante mucho tiempo, otras agencias como **HYBE Labels** (antes **Big Hit Entertainment**) han tenido un impacto significativo. Fundada por Bang Si-hyuk en 2005, HYBE saltó a la fama con el debut de BTS en 2013. Hoy en día, opera como un conglomerado de múltiples sellos, que alberga sellos como **Big Hit Music, Pledis Entertainment** y **Source Music**.

DSP Media, fundada en 1991, desempeñó un papel importante en la primera generación de K-pop con Sechs Kies y Fin.K.L. Más tarde produjo grupos de éxito como KARA, enfocándose en las promociones en Japón.

Cube Entertainment, creada en 2006 por antiguos empleados de JYP, ha producido a grupos como BEAST (ahora Highlight), 4Minute y (G)I-DLE, ofreciendo cierta libertad creativa en la producción musical.

FNC Entertainment, conocida por centrarse en actos orientados a bandas como CNBLUE y FT Island, también creó exitosos grupos de idols como AOA y SF9.

Starship Entertainment ha crecido constantemente con artistas como SISTAR, MONSTA X e IVE, conocidos por producir grupos vocalmente fuertes.

Otras agencias influyentes como **Pledis Entertainment** (ahora parte de HYBE), **RBW** y **Jellyfish Entertainment** se suman a la diversidad del K-pop, aportando cada una sus estilos y filosofías de formación únicos.

DEBUT: EL SUEÑO REALIZADO

Tras años de entrenamiento, por fin llega el momento con el que sueña todo trainee: el debut. Él o ella han sido seleccionados por la empresa para ser miembros de un grupo o solistas. Pero esto es sólo el principio. En las semanas y meses siguientes a su debut, la vida de los nuevos idols se convierte en un torbellino de actuaciones, encuentros con fans y apariciones en programas de variedades.

La presión, en todo caso, es aún más intensa que durante sus días como trainees. Cada actuación es analizada tanto por los fans como por los críticos. Tienen que ser perfectos en el escenario, encantadores fuera de él y estar siempre atentos a su imagen.

Su agencia sigue desempeñando un papel muy importante en sus vidas. Cada horario, cada aparición y cada publicación en las redes sociales se gestiona cuidadosamente. Ya no son simples trainees o empleados, sino valiosos activos de la empresa que representan la marca de la agencia. Muchos idols siguen viviendo en viviendas o dormitorios proporcionados por la empresa incluso después de su debut, lo que facilita la coordinación de sus apretadas agendas.

Dato curioso: *Se calcula que menos del 10% de los trainees llegan a debutar. Cada año debutan en Corea del Sur unos 100 grupos, pero menos del 5% de ellos sobreviven más allá de sus primeros años debido a la intensa competencia.*

EL LADO OSCURO DEL SUEÑO

Ningún debate sobre la industria del K-pop estaría completo sin reconocer sus aspectos más oscuros. La intensa presión a la que se ven sometidos los jóvenes trainees e idols ha suscitado serias preocupaciones sobre la **salud mental y el bienestar**.

El nivel de control ejercido por las agencias también ha sido un punto de controversia. El término **"contratos de esclavitud"** ha sido utilizado a menudo para describir los contratos con cláusulas abusivas, especialmente en la década del 2000 y principios del 2010, debido a su carácter restrictivo y a su larga duración.

Aunque las reformas de la Comisión de Comercio Justo de Corea (KFTC) han mejorado las condiciones, algunos idols siguen enfrentándose a problemas relacionados con la distribución de beneficios y las condiciones contractuales. Un director de DSP Media señaló en una ocasión que, aunque la empresa comparte los beneficios con los artistas, los costos significativos a menudo dejan poco para los propios artistas, lo que pone de relieve la realidad financiera de la industria, en la que incluso los idols de éxito pueden no estar cosechando recompensas económicas significativas.

Dato curioso: La "comezón del séptimo año" en el K-pop se refiere al momento crucial en el que los grupos de idols se enfrentan a grandes decisiones debido a la expiración de sus contratos, que suelen ser de siete años. En ese momento, los grupos pueden renovar sus contratos, algunos miembros pueden emprender sus carreras solistas o, para consternación de los fans, los grupos pueden disolverse por completo.

Otro motivo de preocupación es **el énfasis en el aspecto físico**, que ha sido criticado por promover unos cánones de belleza poco realistas. Aunque algunos trainees han informado de que se les anima a someterse **a cirugías plásticas** como la blefaroplastia (cirugía de párpados) o la rinoplastia ("operación de nariz") para ajustarse a los cánones de belleza coreanos, la extensión de tales requisitos varía según la agencia.

Los idols también se enfrentan a desafíos en su vida personal, como **la prohibición de tener citas**. Muchas empresas aplican políticas que restringen las citas, sobre todo en los primeros años de la carrera de un ídolo, para preservar una ilusión de disponibilidad ante los fans. Aunque el rigor de estas prohibiciones ha disminuido en los últimos años, la idea de que las citas pueden dañar la imagen de un ídolo sigue siendo fuerte.

EL LADO FINANCIERO DEL K-POP: ¿QUIÉN SE BENEFICIA REALMENTE?

La estructura financiera de la industria del K-pop es complicada y a menudo malinterpretada. A primera vista, podría parecer que todos los implicados -desde las agencias a los idols- son automáticamente millonarios. Pero una mirada más atenta revela un panorama más complejo.

La relación Agencia-Trainee

En el corazón del sistema financiero del K-pop se encuentra la relación entre las agencias de entretenimiento y sus trainees e idols. Como hemos analizado antes, esta relación se basa en contratos que históricamente han favorecido a las agencias. Hay dos factores clave en juego:

Deuda de los trainees: Tradicionalmente, los trainees tenían que reembolsar a sus agencias todos los gastos durante la formación: clases de canto y baile, trajes, alojamiento, comidas y más. Tras las críticas públicas y las nuevas normativas, ahora las empresas más grandes, como HYBE, suelen cubrir ellas mismas estos gastos. Sin embargo, las agencias más pequeñas siguen obligando a los trainees a pagarlo todo, lo que crea una importante brecha entre los trainees de las agencias grandes y los de las pequeñas.

Distribución de beneficios: Incluso después de debutar, la mayoría de los idols no se hacen ricos de inmediato. Primero tienen que pagar los costos de su formación, lo que significa que incluso los grupos aparentemente exitosos pueden tener que actuar durante años antes de ver dinero de verdad. Aunque los contratos son cada vez más justos, las agencias de espectáculos siguen quedándose con la mayor parte de los ingresos, sobre todo al principio de la carrera de un ídolo.

El precio de crear un ídolo

Crear una estrella del K-pop no es barato. Según algunas estimaciones, las empresas gastan entre 100.000 y 500.000 dólares para convertir a un adolescente normal en un ídolo, lo que equivale al precio de una casa en muchos lugares. Este dinero se invierte en:

- Años de formación vocal y de danza
- Alojamiento y comida para los trainees
- Todo lo necesario para el debut (trajes, videos musicales, promoción)
- Crear la imagen perfecta del ídolo

El gasto no termina con el debut. Las empresas siguen invirtiendo mucho dinero en promocionar y proteger sus activos. Para los grupos destinados a competir internacionalmente, como BTS o BLACKPINK, las empresas gastan aún más.

Dato curioso: En 2012, The Wall Street Journal informó de que el costo de formación de un solo ídolo del K-pop bajo SM Entertainment ascendía a un promedio de 3 millones de dólares, incluidos gastos como formación vocal y de baile, alojamiento, vestuario y actividades promocionales.

La realidad de las ganancias de los idols

Entonces, ¿cuánto ganan los idols del K-pop? La respuesta es, por supuesto, "depende". Varía drásticamente en función de su nivel de éxito y de la agencia a la que pertenecen.

- **Ganancias promedio:** Según el Servicio Nacional de Impuestos de Corea del Sur, las ganancias anuales promedio para un ídolo coreano en 2013 fueron de unos 42.000 dólares, frente a los 25.275 dólares de 2010, gracias a la difusión mundial del K-pop. Pero estos promedios no cuentan toda la historia.
- **Idols de alto nivel:** Una vez saldadas las deudas, los idols de las principales agencias que alcanzan el éxito mundial pueden ganar millones al año, especialmente a través de promociones, acuerdos con marcas y actividades internacionales. Sus ganancias suelen ir mucho más allá de las ventas de música y las actuaciones.
- **Idols de nivel medio y en apuros:** La mayoría de los idols ganan mucho menos, y a veces pasan apuros económicos incluso después de debutar. Los que proceden de agencias más pequeñas suelen sufrir las mayores cargas, con ingresos limitados y menos oportunidades de realizar actividades lucrativas.

LA EVOLUCIÓN DEL SISTEMA Y SU IMPACTO

A medida que el K-pop ha ido creciendo, también lo ha hecho el sistema de formación. Han surgido nuevas agencias, cada una dando su propio giro a la fórmula establecida por las Tres Grandes. Algunas han experimentado con procesos de formación más transparentes, incluso convirtiendo la experiencia en reality shows como *Produce 101* y *Sixteen*. Estos programas han permitido a los fans ver los entretelones del mundo de los trainees y opinar sobre su debut, añadiendo un nuevo nivel de participación del público en el proceso de creación de idols, aunque han sido criticados por la manipulación de los votos y la falta de transparencia.

La globalización del K-pop ha traído nuevos cambios. La formación de idols en lenguas extranjeras, sobre todo inglés, japonés y chino, es cada vez más importante. Muchas agencias también reclutan activamente a trainees internacionales, con el objetivo de crear grupos con un atractivo global.

A pesar de las críticas y los desafíos, no se puede negar el impacto que este sistema ha tenido en el éxito mundial del K-pop. El intenso régimen de entrenamiento produce artistas con una habilidad y versatilidad excepcionales, creando algo más que músicos, sino artistas completos.

Además, el énfasis del sistema en la mejora y la adaptación constantes ha hecho que el K-pop siga evolucionando. Esta adaptabilidad le ha permitido mantenerse fresco y relevante, atrayendo continuamente a nuevos seguidores en todo el mundo.

MIENTRAS CONTINUAMOS nuestro viaje por el ascenso del K-pop, recuerda a Min-seo y Jae-hoon, dos jóvenes soñadores que representan a los innumerables trainees que trabajan para convertir su pasión en realidad. La máquina del K-pop puede ser exigente, pero para los que tienen éxito, puede transformar los sueños en fama mundial, haciendo que valga la pena el precio del sacrificio y el trabajo duro.

CAPÍTULO 5

LA EVOLUCIÓN DEL K-POP
LA EDAD DE ORO DE LAS ESTRELLAS DE K-POP DE LA SEGUNDA GENERACIÓN: 2003-2011

ASÍ COMO HABLAMOS de los millennials y la Generación Z, el K-pop tiene sus propias "generaciones". Cada una dura unos 5-7 años y tiene su propio sabor especial: estilos musicales, tendencias de moda y formas de hacer las cosas únicas. A los fans se les ocurrió esta idea a finales de la década de 2000 como forma de categorizar a los idols y grupos en función de su año de debut y su impacto compartido.

Es una forma útil para hablar de la historia del K-pop y de las oleadas de artistas que le han dado forma a lo largo del tiempo. La clasificación generalmente aceptada (según el año de debut) es la siguiente:

- **Primera Generación (1997-2002):** Los pioneros
- **Segunda Generación (2003-2011):** El K-pop se regionaliza
- **Tercera Generación (2012-2017):** El avance global
- **Cuarta Generación (2018-2022):** Dominio digital
- **Quinta Generación (2023-):** Apenas comenzando

Ten en cuenta que no se trata de una ciencia exacta: los límites entre generaciones pueden ser difusos. Muchos artistas no encajan perfectamente en una generación, y a menudo se debate dónde acaba una generación y empieza otra. Así que considéralo más una guía útil que un estricto manual de normas.

Dato curioso: PSY, famoso por su Gangnam Style, es un buen ejemplo de artista difícil de clasificar. Técnicamente, es un artista de la 1ª Generación, ya que debutó en 2001. Sin embargo, volvió a firmar con YG en 2010 y saltó al estrellato mundial con su megaéxito de 2012, por lo que muchos lo consideran un artista de la 3ª Generación.

LA SEGUNDA GENERACIÓN DA UN PASO ADELANTE: COMIENZA UNA NUEVA ERA

Al despuntar el nuevo milenio, Corea del Sur resurgía de las cenizas de la crisis financiera de 1997. Los primeros años de la década del 2000 marcaron el comienzo de un periodo de resurgimiento económico y renacimiento cultural. El Hallyu estaba en pleno apogeo. Esta época, que abarca aproximadamente del 2003 a 2011, vio surgir una nueva oleada de estrellas del K-pop que cambiarían por completo el juego y acabarían ayudando al K-pop a dominar de las listas de reproducción en todo el mundo.

La tormenta perfecta: Tres fuerzas detrás del ascenso

1. **Crecimiento económico -** La economía de Corea del Sur se disparó en la década del 2000, y su PBI se duplicó de 504.000 millones de dólares a más de 1 billón de dólares en sólo una década. Esta fortaleza financiera dio a las empresas de entretenimiento los recursos para desarrollar proyectos más ambiciosos e invertir fuertemente en el desarrollo de sus artistas.
2. **Revolución digital -** La nación estaba en plena revolución digital. La rápida difusión de la tecnología lo cambió todo:
   ○ *Internet de alta velocidad* se extendió rápidamente por todo el país; en 2010, casi el 95% de los hogares surcoreanos tenían acceso a banda ancha. Esta conectividad generalizada permitió la distribución instantánea de música y un engagement online inmediato con los fans.

- ○ Cuando el K-pop empezó a cobrar impulso, el *boom de los smartphones* llegó justo a tiempo. La introducción del iPhone en 2009 y de la serie Galaxy de Samsung en 2010 transformó la forma en que los fans consumían contenidos. Ahora, ¡podían llevar el K-pop en sus bolsillos!
- ○ *Las plataformas de streaming y las redes sociales* hicieron que el K-pop fuera accesible instantáneamente en todo el mundo, haciendo que los videos musicales, las prácticas de baile y el contenido detrás de cámaras estuvieran disponibles en cualquier momento y lugar.

3. **Apoyo gubernamental estratégico** - Reconociendo sus beneficios, el gobierno surcoreano amplió su apoyo a la Ola Coreana (Hallyu), incluyendo no sólo el K-pop, sino también los K-dramas, las películas y otras exportaciones culturales. Lo que comenzó como un modesto esfuerzo de promoción cultural en 1999 pronto experimentó un aumento significativo de la financiación: de unos 74 millones de dólares en 2001 a más de 180 millones de dólares en 2009.

Esta combinación de fuerza económica, avance tecnológico y respaldo gubernamental creó las condiciones perfectas para que el K-pop pasara de ser una industria local a una fuerza cultural global.

CARACTERÍSTICAS DEFINITORIAS E INNOVACIONES DE LA INDUSTRIA: LO QUE HIZO ESPECIALES A LOS IDOLS DE SEGUNDA GENERACIÓN

La segunda generación del K-pop marcó una era transformadora en la industria, caracterizada por varios avances clave:

Entrenamiento intensificado: El ya riguroso proceso de entrenamiento se hizo aún más exigente. Aunque la duración del entrenamiento variaba, muchos aspirantes a idols pasaban ahora de 2 a 4 años, y en algunos casos hasta 5-7 años, perfeccionando sus habilidades. Esto creó un nuevo estándar de artistas que destacaban en el canto, el baile y el espectáculo.

Expansión mundial: Las ambiciones del K-pop se extendieron más allá de las costas coreanas, dando lugar a un aumento de las exportaciones de contenidos culturales. El valor de estas exportaciones, que incluían K-pop junto con series de televisión y películas, creció de unos 13,9 millones de dólares en 2005 a aproximadamente 83,2 millones de dólares en 2010.

Enfoque centrado en la actuación: El baile y las habilidades interpretativas se convirtieron en elementos centrales del atractivo de un ídolo. Los videos de prácticas de baile ganaron popularidad, ofreciendo a los fans una visión del duro trabajo que hay detrás de unas actuaciones pulidas. Por ejemplo, el video de práctica de baile de "Again & Again" de 2PM atrajo mucha atención en 2009, destacando el poder del contenido crudo y detrás de cámaras.

Coreografía de puntos: Los movimientos de baile memorables y fáciles de reconocer se volvieron cruciales para crear un atractivo viral. El baile de caderas "Abracadabra" de las Brown Eyed Girls es un buen ejemplo de esta tendencia, ya que sentó un precedente para los movimientos característicos que podían difundirse rápidamente entre las comunidades de fans.

Flexibilidad de conceptos: Los grupos empezaron a reinventar su imagen y sonido con cada "comeback" (nuevo lanzamiento), manteniendo a los fans enganchados y mostrando su versatilidad: desde poderosos hasta adorables y sofisticados. Este enfoque permitió a los idols seguir el ritmo de las cambiantes tendencias musicales y preferencias del público.

Composición diversa del grupo: La inclusión de miembros no coreanos se hizo más común, reflejando el objetivo del K-pop de atraer a mercados más amplios. Algunos ejemplos notables son Nichkhun, de Tailandia, en 2PM, y Victoria, de China, en f(x), que ayudaron a salvar las brechas culturales y atraer a fans internacionales.

Exposición a reality shows: Programas como *We Got Married* e *Invincible Youth* permitieron a los fans ver las personalidades de los idols más allá del escenario, fomentando conexiones emocionales más profundas. Estos programas proporcionaron a los fans una nueva forma de relacionarse con los idols, fortaleciendo su lealtad y admiración.

Singles digitales: A medida que las plataformas digitales ganaban popularidad, los idols empezaron a lanzar más singles entre álbumes completos. Esto permitió un compromiso más frecuente y constante con los fans.

Fandoms poderosos: Quizá lo más significativo de este periodo fue el auge de culturas de fans intensamente dedicadas. Los clubes de fans oficiales aumentaron de tamaño, el "Cassiopeia" de TVXQ contaba con unos 800.000 miembros en 2008. Estas apasionadas comunidades se convirtieron en la columna vertebral de la expansión global del K-pop, aprovechando las redes sociales y las plataformas online para promocionar a sus artistas favoritos más allá de las fronteras de Corea del Sur.

IDOLS NOTABLES DE LA SEGUNDA GENERACIÓN DE K-POP Y SU IMPACTO

Exploremos ahora los grupos icónicos, las canciones que batieron récords y las innovaciones de la industria que definieron la segunda generación del K-pop y prepararon el terreno para su eventual conquista global.

TVXQ (2003-Presente, SM Ent.): Pioneros de la expansión del K-pop en Japón, TVXQ batió numerosos récords a lo largo de su carrera. Su single de debut, "Hug", fue bien recibido, y "Rising Sun" (2005) mostró una coreografía intrincada. En 2009, se convirtieron en uno de los primeros grupos de K-pop en actuar en el Tokyo Dome, con 50.000 localidades agotadas. Su club de fans, Cassiopeia, se convirtió en un fenómeno cultural por derecho propio. A pesar de un importante cambio en su formación en 2009, con los miembros Jaejoong, Yoochun y Junsu formando JYJ, el impacto de TVXQ siguió siendo significativo. *Mirotic* (2008) vendió más de 600.000 copias, convirtiéndose en uno de los álbumes más vendidos de la década del 2000.

Lee Hyori (solista, 2003-Presente, DSP, Mnet Media, etc.): Lee Hyori, que antes formaba parte de Fin.K.L, surgió como una sensación como solista conocida por su carisma y audaz presencia escénica. Superó los límites de la industria, desafiando las normas conservadoras con su imagen segura de sí misma y convirtiéndose en un modelo a seguir para las futuras solistas femeninas.

Se7en (solista, 2003-actualidad, YG Ent.): Pionero de los idols masculinos solistas, Se7en ganó fama con éxitos de R&B como "Come Back to Me" (2003) y expandió su alcance con el single japonés "Hikari" y el lanzamiento estadounidense "Girls" (2009), demostrando las ambiciones globales del K-pop.

Super Junior (2005-actualidad, SM Ent.): Conocidos por su gran número de miembros y su estrategia de subunidades, Super Junior debutó con 12 miembros, ampliándose posteriormente a 13 con la incorporación de Kyuhyun en 2006. Su éxito "Sorry, Sorry" (2009), con su pegadiza coreografía de puntos, se convirtió en una sensación viral en toda Asia, inspirando covers de baile en todo el mundo. También eran conocidos por sus diversas subunidades, como Super Junior-M, dirigida al mercado chino, y miembros como Heechul se convirtieron en pilares de los programas de variedades.

SS501 (2005-2010, DSP Media): Uno de los primeros grupos de K-pop en hacerse un hueco en Japón junto a TVXQ. El papel de su líder Kim Hyun-joong en el exitoso drama *Boys Over Flowers* (2009) dio al grupo un impulso de popularidad. Su canción "Love Ya" (2010) fue conocida por su alto valor de producción, aunque el rumoreado costo de 1 millón de dólares fue probablemente exagerado.

BIGBANG (2006-Presente, YG Ent.): BIGBANG revolucionó el K-pop con su sonido hip-hop y su música autoproducida, convirtiéndose en uno de los grupos más influyentes de la segunda generación. "Lies" (2007) dominó las listas digitales durante ocho semanas consecutivas, consolidando su lugar en la historia del K-pop. Los antecedentes de G-Dragon y T.O.P. como raperos underground ayudaron a dar forma al estilo distintivo del grupo, que también dejó un impacto duradero en las tendencias de moda en Corea.

Brown Eyed Girls (2006-Presente, Nega/APOP): Conocidas por evitar los conceptos "tiernos" típicos de muchos grupos de chicas, Brown Eyed Girls adoptaron temas más maduros. Su canción "Abracadabra" (2009) popularizó el "baile arrogante", que influyó en muchas coreografías posteriores del K-pop. La carrera de solista de Ga-In amplió aún más los límites con sus temas provocativos.

Wonder Girls (2007-2017, JYP Ent.): Pioneras en la primera incursión del K-pop en el mercado estadounidense, su canción "Nobody" (2008) las convirtió en el primer grupo de K-pop en entrar en la lista Billboard Hot 100, alcanzando el puesto 76. Sus éxitos de temática retro, como "Tell Me" (2007), crearon una moda de baile en toda Corea. Más tarde, en 2015, cambiaron a un concepto de banda, un cambio audaz que puso de relieve su versatilidad.

Girls' Generation (2007-Presente, SM Ent.): Sin duda, son las reinas que empezaron la locura de las girl groups en K-pop. Con sus coreografías super sincronizadas y un estilo que marca tendencia, Girls' Generation revolucionaron el juego. "Gee" (2009) encabezó el KBS Music Bank durante nueve semanas consecutivas y provocó una tendencia de moda con sus coloridos "skinny jeans". Su éxito en Japón, donde su primer álbum vendió más de 500.000 copias, contribuyó a ampliar el alcance del K-pop en el extranjero.

F.T. Island (2007-Presente, FNC Ent.): Como una de las primeras bandas idol del K-pop en la que los miembros tocaban sus propios instrumentos, F.T. Island llamó la atención con su canción de debut "Love Sick" y alcanzó una popularidad significativa en Japón. La voz distintiva de su líder, Lee Hong-gi, y sus papeles como actor ayudaron a consolidar su reputación.

KARA (2007-2016, DSP Media): Tras un comienzo difícil, KARA se reinventó con una imagen más cute gracias a "Rock U" (2008) y alcanzó el éxito internacional con el "butt dance" de "Mister" (2009). Tuvieron un gran éxito en Japón, donde "Mister" se convirtió en hit enorme, vendiendo cientos de miles de copias. A pesar de cambiar de integrantes a través de audiciones públicas, demostraron que pueden adaptarse y seguir brillando.

IU (en solitario, 2008-Presente, LOEN Ent.): Debutando a los 15 años, IU se destacó con su éxito "Good Day" (2010), donde mostró una nota alta de tres octavas que dejó a todos boquiabiertos. Con el tiempo, dejó atrás su imagen juvenil para convertirse en una artista madura, siendo una de las solistas más respetadas de Corea. Sus papeles en dramas como *Dream High* (2011) y *Hotel Del Luna* (2019) solidificaron su estrellato versátil.

SHINee (2008-Presente, SM Ent.): Conocidos por sus pulidas actuaciones en vivo y su estilo que marca tendencias, SHINee debutó con "Replay" (2008), que popularizó la moda de las "Noona Fan" (fans femeninas mayores). La contribución del miembro Jonghyun a la composición de canciones añadió profundidad a su música, mientras que la posterior carrera en solitario de Taemin mostró sus notables habilidades para el baile.

2PM (2008-Presente, JYP Ent.): Adoptando un concepto atlético de "ídolo bestia", 2PM destacó con actuaciones acrobáticas en canciones como "10 Out of 10" (2008). Aunque la salida del grupo de Jay Park en 2009 creó controversias, lograron una asombrosa recuperación con "Heartbeat" (2009), que presentaba una super-producción, marcando un punto de inflexión en sus carreras.

Taeyang (solista, 2008-Presente, YG Ent.): Miembro de BIGBANG, Taeyang se hizo famoso por su estilo R&B, sobre todo gracias a éxitos en solitario como "Only Look at Me" (2008) y "Wedding Dress" (2009), que se convirtieron en favoritos de los fans internacionales en YouTube.

SECRET (2009-2018, TS Ent.): Conocidas por su versatilidad, SECRET cautivó al público con éxitos como "Magic" y "Shy Boy", combinando a la perfección conceptos sensuales y retro-cute. Su fuerte presencia nacional y sus memorables actuaciones las convirtieron en un destacado grupo de chicas de la segunda generación.

ZE:A (2009-2017, Star Empire Ent.): Aunque el éxito del grupo ZE:A fue modesto, sus éxitos como "Mazeltov" y "Aftermath" mostraron su versatilidad. Miembros como Siwan y Hyungsik alcanzaron posteriormente la fama en la actuación, extendiendo la influencia del grupo más allá de la música.

T-ara (2009-2017, MBK Ent.): T-ara saltó a la fama con éxitos pegadizos como "Bo Peep Bo Peep" (2009) y "Roly-Poly" (2011). Enormemente populares en China, se convirtieron en un ejemplo destacado del atractivo internacional del K-pop, incluso cuando las falsas acusaciones de bullying afectaron brevemente a su reputación.

2NE1 (2009-2016, YG Ent.): 2NE1 destrozó las normas tradicionales de los grupos de chicas con su poderoso estilo y su moda atrevida. Su debut, "Fire", contó con dos videos musicales distintos, y "I Am the Best" (2011) se convirtió en un himno mundial, ganando el premio a la Canción del Año en los Mnet Asian Music Awards.

4Minute (2009-2016, Cube Ent.): Con su debut, "Hot Issue", 4Minute llegó a demostrar una actitud súper confiada que rompía con los conceptos más tradicionales. Su video para "Volume Up" (2012) destacó por su producción en el extranjero.

G-Dragon (solista, 2009-Presente, YG Ent.): El líder de BIGBANG, G-Dragon, causó sensación con su debut como solista con "Heartbreaker" (2009), que vendió más de 200.000 copias. Su influencia se extendió más allá de la música, ya que su moda marcadora de tendencias y su trabajo autoproducido ayudaron a dar forma al K-pop moderno.

Dato curioso: G-Dragon, líder de BigBang, fue el primer artista de K-pop en firmar un contrato de embajador exclusivo con una casa de moda de lujo europea cuando Chanel le ofreció el papel en 2016.

BEAST/Highlight (2009-Presente, Cube Ent./Around Us Ent.): Originalmente llamados "B2ST", cambiaron de nombre antes de debutar. Conocidos por canciones como "Fiction" (2011), BEAST

demostró las dificultades de cambiar de marca cuando abando-
naron Cube Entertainment y se rebautizaron Highlight en 2017.

f(x) (2009-2019, SM Ent.): Conocidas por su sonido experimental,
f(x) se ganó el aplauso de la crítica por álbumes como "Pink Tape"
(2013). El estilo andrógino de Amber desafió las normas de
género, y el éxito de Victoria en China amplió el alcance del
grupo.

After School (2009-2019, Pledis Ent.): Conocidas por su sistema
de "graduación", en el que la alineación de miembros cambiaba
con bastante regularidad, After School se distinguió por mostrar
habilidades interpretativas únicas, como tocar la batería y bailar
tap. Su subunidad Orange Caramel ganó popularidad con éxitos
extravagantes como "Catallena" (2014).

CNBLUE (2009-actualidad, FNC Ent.): Una de las pocas bandas de
idols que tocan instrumentos, CNBLUE invirtió la estrategia habitual del K-pop debutando primero en Japón. Con "I'm a Loner"
(2010) se convirtieron en un gran éxito en Corea, y su líder, Jung
Yong-hwa, se dio a conocer por sus habilidades como compositor.

HyunA (solista, 2010-Presente, Cube Ent.): Tras su paso por
Wonder Girls y 4Minute, HyunA causó sensación como solista con
"Change" y "Bubble Pop!" (2011), adoptando una imagen atrevida
y sexy que la distinguió en la industria.

SISTAR (2010-2017, Starship Ent.): Conocidas como las "reinas
del verano", los pegadizos éxitos de SISTAR, como "Touch My
Body" (2014), se convirtieron en clásicos de temporada. Su disolu-
ción amistosa en 2017 se consideró un ejemplo positivo en la
industria.

Miss A (2010-2017, JYP Ent.): Miss A debutó con el éxito "Bad Girl
Good Girl" y pronto dejó huella. El ascenso de Suzy como el
"Primer amor de la nación" a través de sus roles de actuación
atrajo más atención hacia el grupo.

INFINITE (2010-Presente, Woolim Ent.): Conocidos por su
precisa sincronización, INFINITE causó sensación con su "baile

del escorpión" en "Before the Dawn" (2011). "The Chaser" (2012) fue nombrada la mejor canción K-pop del año por Billboard, consolidando su reputación de excelencia.

TEEN TOP (2010-Presente, TOP Media): Conocidos por sus coreografías sincronizadas y tracks virales como "Clap" y "No More Perfume on You", TEEN TOP encarnaban la energía juvenil. Sus pulidas actuaciones de baile establecieron un estándar de precisión en los escenarios del K-pop.

Apink (2011-Presente, IST Ent.): Apink ganó fama con su concepto "puro" y éxitos como "No No No" (2013) y "LUV" (2014). Su perfecta transición a estilos maduros, como se ve en "%% (Eung Eung)" (2019), consolidó su estatus como uno de los grupos de chicas más longevos e influyentes del K-pop.

LEGADO DE INFLUENCIA E IMPACTO

La segunda generación de idols del K-pop transformó la influencia de Corea del Sur en todo el mundo. Su éxito fue masivo: las exportaciones de K-pop pasaron de 22 millones de dólares en 2003 a más de 235 millones en 2011, convirtiendo la cultura coreana en un fenómeno global junto con los K-dramas.

Esta fue la época en la que el K-pop se convirtió verdaderamente en un embajador cultural. En 2012, la influencia del K-pop había crecido lo suficiente en Asia como para influir en **los patrones de viajes**, atrayendo a fans internacionales que veían Corea del Sur como un destino para la música y la exploración cultural. Los idols de grupos como Girls' Generation, Super Junior y BIGBANG se convirtieron en **iconos de estilo**, marcando tendencias de moda y belleza que se extendieron por toda Asia, al tiempo que creaban demanda en el mercado del lujo a través de sus patrocinios.

En términos de belleza, **el "look K-pop"** estableció nuevos están-dares en toda Asia, aumentando la demanda de cosméticos coreanos e incluso de procedimientos cosméticos, ya que los fans querían emular los rasgos de sus estrellas favoritas. El K-pop también se convirtió en una puerta de entrada a la **lengua y la**

cultura coreanas; las solicitudes de exámenes de aptitud lingüística aumentaron un 62% de 2009 a 2011, ya que las letras del K-pop inspiraron a los fans a aprender coreano.

Sin embargo, el rápido crecimiento trajo consigo desafíos. Entre 2003 y 2012, el debut de más de 200 grupos de K-pop intensificó la competencia, lo que dio lugar a horarios más exigentes físicamente y a disputas legales. Casos de gran repercusión, como la demanda de TVXQ contra SM Entertainment en 2009, llamaron la atención sobre los contratos restrictivos. Estos casos pusieron de manifiesto la necesidad de acuerdos más justos, lo que llevó a realizar algunas reformas por parte de la Comisión de Comercio Justo de Corea (KFTC).

El lado más oscuro de la fama también salió a la luz por las acciones de los fans "*sasaeng*", seguidores demasiado entusiastas cuya obsesión a menudo se convertía en acoso. Los incidentes de acoso y violación de la privacidad pusieron de manifiesto la necesidad de proteger mejor a los idols.

A PESAR DE ESTOS DESAFÍOS, la segunda generación estableció una sólida plataforma de lanzamiento para el futuro del K-pop. Fue un periodo de rápido intercambio cultural que transformó el K-pop de una tendencia local en un movimiento cultural global, sentando las bases para el siguiente paso de la industria.

CAPÍTULO 6

LA ARTESANÍA DEL K-POP

DEL ESTUDIO AL ESCENARIO

CREAR un ídolo o un grupo de K-pop es un proceso complejo que va mucho más allá de hacer música. Es un proceso que combina talento, tecnología, estrategia y arte en un paquete de entretenimiento completo.

Este capítulo analiza cómo las agencias de K-pop elaboran sus productos perfectos, desde la primera nota musical hasta el momento en que un grupo sube al escenario. Veremos cómo se planifica cuidadosamente cada detalle de la presentación de un ídolo del K-pop para crear no sólo músicos, sino superestrellas mundiales.

LA MÚSICA: CÓMO CREAR EL ÉXITO PERFECTO DE K-POP

Un lanzamiento de K-pop no es solo una colección de canciones; ¡es una experiencia completa que combina música, visuales y una historia!

En la industria del K-pop, las compañías de entretenimiento suelen orquestar todo el proceso de producción musical, empleando equipos de compositores, coreógrafos y productores internos para crear un producto perfecto.

Antes que nada, los equipos pasan meses desarrollando el "concepto": el tema general y la visión del "comeback" (término del K-pop para "nuevo lanzamiento"). Esto implica que directores creativos, estilistas, coreógrafos, artistas visuales y expertos en marketing trabajen en conjunto. Algunos ejemplos incluyen:

- Bangtan Universe de BTS (creando todo un mundo ficticio)
- Los conceptos "Red" y "Velvet" de Red Velvet (mostrando dos caras diferentes del grupo)
- El álbum *An Ode* de SEVENTEEN (explorando temas de juventud)

A veces, la canción viene primero e inspira el concepto; otras veces, es al revés. **Los compositores coreanos e internacionales colaboran**, aunque el grado de participación internacional puede variar según la empresa y el comeback. Se inspiran en tendencias, experiencias e incluso en los comentarios de los fans. Su objetivo es crear algo pegadizo pero claramente K-pop.

Aunque gran parte de la música es creada por equipos internos, a veces las empresas compran los derechos de canciones existentes a compositores internacionales. Estas canciones se adaptan para encajar en el mercado del K-pop, a menudo sufriendo cambios significativos en los arreglos y las letras para alinearse con la imagen del grupo y el concepto más amplio.

Una vez escrita la canción, es hora de entrar en la cabina de grabación. Los vocalistas pasan horas perfeccionando cada línea, normalmente grabando varias tomas para conseguir el sonido perfecto. Las agencias más grandes pueden tener entrenadores vocales dedicados in situ para perfeccionar la entonación, la pronunciación -especialmente para los lanzamientos internacionales- y la entrega emocional que se espera en el K-pop. Mientras tanto, los instrumentistas y programadores trabajan para crear los ricos y estratificados paisajes sonoros que caracterizan a muchas canciones de K-pop.

Pero la magia no acaba ahí. El proceso **de mezcla y masterización** es donde la canción cobra vida de verdad. Los ingenieros equilibran cuidadosamente todas las partes de la canción para que suene bien en todas partes, desde las salas de conciertos hasta tus auriculares. Incluso pueden crear versiones diferentes para las plataformas de streaming frente a los espectáculos musicales. Esta atención al detalle ayuda a convertir las buenas canciones en éxitos.

Aunque el modelo de producción interna centralizada es el más común, cada vez hay más excepciones en las que los idols participan activamente en la composición y producción de su propia música. Artistas como BTS, Stray Kids, SEVENTEEN, IU y G-Dragon son conocidos por contribuir significativamente al proceso creativo, ofreciendo un toque más personal a su trabajo.

Los talentos fuera de la cabina de grabación

Cada canción de K-pop que amas tiene un equipo de talento trabajando entre bastidores. Estos productores y compositores son las mentes maestras que crean la música que se apodera de tus listas de reproducción, y tres compositores/productores destacan en particular.

En primer lugar, está **Yoo Young-jin**, el arma secreta de SM Entertainment. Conocido por mezclar R&B, hip-hop y sonidos electrónicos, ha ayudado a crear el estilo característico de SM, especialmente en los primeros tiempos del K-pop. Si alguna vez te has sorprendido tarareando "Candy" de H.O.T. o "Mirotic" de TVXQ, estás experimentando la magia de Yoo.

En YG Entertainment, el rapero coreano-americano **Teddy Park** ha sido el genio de algunos de los mayores éxitos del K-pop. Su trabajo con BLACKPINK, BIGBANG y 2NE1 demuestra su talento para crear canciones atrevidas y potentes que dominan las listas de éxitos. Cuando escuches un tema de YG, lo más probable es que Teddy esté detrás de él.

También está **J.Y. Park**, el fundador de JYP Entertainment. Más que un simple líder de la empresa, está profundamente involucrado en la creación de música y la formación de artistas. Su atención a las actuaciones auténticas ha creado el inconfundible "estilo JYP" que se oye en grupos como Wonder Girls y TWICE.

Lo que hace tan especial al K-pop es cómo mezcla **diferentes estilos musicales en algo nuevo** y emocionante. Una sola canción puede mezclar pop, hip-hop, R&B y rock a la vez. Por ejemplo, "Growl" de EXO. Este tema combina a la perfección R&B y pop con un ritmo de swing, ayudando a establecer el sonido único de EXO y convirtiéndose en un hit en toda Asia.

O piensa en "I Am The Best" de 2NE1, producida por Teddy Park. Es pura energía de 2NE1: pop electrónico y hip-hop mezclados con actitud rockera. Los potentes ritmos y las letras confiadas captan perfectamente la feroz imagen de 2NE1, demostrando que los productores de K-pop hacen algo más que crear melodías pegadizas: crean toda la identidad musical de un grupo.

Estos productores no sólo escriben canciones, sino que crean experiencias completas que cautivan los corazones de todo el mundo. Cada canción está cuidadosamente diseñada para encajar con la imagen de su grupo y conectar con los fans, haciendo del K-pop el fenómeno global que es hoy.

Dato curioso: El "susurro JYP" es un "J-Y-P" susurrado suavemente que se utiliza como etiqueta de audio distintiva en muchas canciones producidas por JYP Entertainment. Introducido por el fundador J.Y. Park, este elemento de marca se ha convertido en un rasgo icónico del K-pop, que simboliza su implicación directa en la producción.

EL BAILE: DONDE EL K-POP COBRA VIDA

Cuando piensas en el K-pop, probablemente te imaginas a los idols moviéndose en perfecta sincronía, sus cuerpos contando una historia tan convincente como las letras que cantan. Esta es la esencia de la performance K-pop: donde **la música se convierte en arte visual** y la danza en un lenguaje comprendido por millones de personas en todo el mundo.

En el K-pop, la coreografía no es sólo una ocurrencia tardía
añadida a una actuación musical; es una parte integral e indispensable de la música. Cada movimiento se elabora para comple-
mentar la canción, amplificando su impacto emocional y creando
una experiencia audiovisual completa.

Crear estas rutinas de baile icónicas es un proceso meticuloso. Los
coreógrafos trabajan con productores musicales, directores creativos y, a veces, con los propios idols para convertir el mensaje y el
estado de ánimo de la canción en movimiento. Tomemos como
ejemplo "Blood Sweat & Tears" de BTS. Cada movimiento de este
baile cuenta parte de una historia sobre la lucha y la ambición. Los
fans no tardaron en fijarse en el movimiento de las "alas", en el que
los miembros extienden los brazos como si fueran alas: este se
convirtió en un momento característico que captaba a la perfección los temas de tentación y deseo de la canción.

Un elemento clave de este proceso es la **"coreografía de puntos"**:
movimientos característicos diseñados para ser fácilmente recono-
cibles y memorables. Estos puntos clave suelen coincidir con el
estribillo o el gancho de la canción, creando momentos virales que
los fans pueden identificar y replicar al instante. Piensa en el
movimiento de pistola con el dedo de BLACKPINK en "DDU-DU
DDU-DU" o en el gesto de la mano "TT" de TWICE: no se trata de
movimientos aleatorios, sino de puntos focales cuidadosamente
elaborados que ayudan a las canciones a convertirse en fenómenos
culturales.

Ya sea uniéndose a miles de personas en un concierto o partici-
pando en el último challenge de baile en las redes sociales, la
coreografía del K-pop transforma a los oyentes pasivos en **partici-
pantes activos** de una comunidad global.

Pero conseguir que estas actuaciones parezcan sin esfuerzo
requiere mucho trabajo. Los idols del K-pop suelen ensayar entre
10 y 12 horas al día durante los periodos de mayor actividad. Toda
esta dedicación es lo que crea esos momentos asombrosos en los
que grupos como EXO o TWICE se mueven tan perfectamente
juntos que parecen una sola persona multiplicada en el escenario.

Eso es lo que hace que el baile K-pop sea tan especial. Detrás de cada movimiento viral hay meses de duro trabajo tanto de los artistas como de sus coreógrafos, todos trabajando para crear algo que se te quede grabado en la cabeza tanto como la propia canción. No importa si no hablas coreano: cuando ves estos bailes, los entiendes. Esa es la magia del K-pop: une a la gente a través del baile, sin necesidad de traducción.

Los talentos detrás de los movimientos

Detrás de estas increíbles actuaciones están algunos de los coreógrafos con más talento de la industria. **Lia Kim**, por ejemplo, ha sido la fuerza creativa detrás de rutinas icónicas de grupos como TWICE, con éxitos como "TT" que muestran su habilidad para crear movimientos hipnóticos y pegadizos que los fans de todo el mundo pueden seguir fácilmente. Como cofundadora de 1MILLION Dance Studio, trabaja con un equipo de coreógrafos que contribuyen a muchas rutinas muy queridas del K-pop.

Las compañías de entretenimiento invierten mucho en coreografía, contratando y trayendo en avión a coreógrafos notables de cualquier parte del mundo. Un buen ejemplo es **Keone Madrid**, coreógrafo estadounidense que ha dejado una gran huella en el mundo del K-pop. Su trabajo con BTS en canciones como "Dope" y "Fire" aportó nuevas influencias de baile callejero al K-pop, conocido por su intrincado juego de pies y sus dinámicas formaciones que amplían los límites de lo que puede ser la danza K-pop.

Otros coreógrafos internacionales de renombre que están detrás de esos bailes icónicos del K-pop son **Parris Goebel**, **Kyle Hanagami** y **Rina Nakasone**.

PRODUCCIÓN DE VIDEOS MUSICALES: NARRACIÓN VISUAL

Los videos musicales del K-pop son clases magistrales de narración visual: son experiencias cinematográficas que los fans esperan con tantas expectativas como las propias canciones. Ya sean narrativos o puramente interpretativos, **la producción de alta calidad** es una característica distintiva de los videos musicales del

K-pop. Las grandes compañías gastan mucho dinero en estas producciones, pero incluso los grupos con presupuestos más modestos tienen que estar a la altura de los altos niveles que se esperan del K-pop.

Crear un video musical de K-pop es esencialmente producir un cortometraje, en el que participan equipos de directores, directores de fotografía, escenógrafos, artistas de efectos visuales, técnicos de iluminación y diseñadores de vestuario, entre otros. Algunos videos presentan decorados elaborados, múltiples locaciones y argumentos complejos. Por ejemplo, el video musical "Spring Day" de BTS es tan rico en simbolismo que tienes que verlo varias veces para apreciarlo plenamente.

La ejecución técnica es igual de sofisticada. La cinematografía estratégica, el montaje dinámico y las transiciones sincronizadas con precisión crean una experiencia visualmente atractiva que aumenta el impacto de cada actuación. Esto es especialmente evidente en los videos centrados en la danza, donde el trabajo de cámara está coreografiado con tanto cuidado como los movimientos que capta.

EL LOOK: CREAR LA IMAGEN

Tener buen aspecto es tan importante como sonar bien en el K-pop. La imagen cuidadosamente elaborada de cada ídolo y grupo se traduce directamente en su atractivo y éxito general.

Estos artistas no eligen ropa al azar de sus armarios. Las agencias contratan a equipos de estilistas, diseñadores de vestuario, peluqueros y maquilladores para que los idols luzcan lo mejor posible y en consonancia con el concepto de cada comeback. Desde los coloridos conjuntos coordinados de TWICE hasta las elegantes vestimentas de alta costura de BLACKPINK, el estilo de cada grupo se convierte en parte integrante de su identidad.

Los colores y peinados característicos se convierten a menudo en looks icónicos, que contribuyen a la singularidad de cada ídolo. Piensa en los colores de pelo siempre cambiantes de G-Dragon, que ayudaron a consolidar su estatus de creador de tendencias, o en el rubio platino de Dahyun, de TWICE, del que los fans no paraban de hablar. En el K-pop, el maquillaje va más allá de realzar los rasgos naturales; es una forma de arte que puede transformar la apariencia de los idols para que encajen con diversos conceptos, desde frescos y naturales a atrevidos y *vanguardistas*.

Aunque la atención se centra principalmente en el estilismo, no se puede negar que algunas empresas también pueden sugerir procedimientos estéticos para mantenerse al día con las tendencias y las normas de belleza.

Asociaciones de marcas y patrocinios

Las estrellas del K-pop no son sólo artistas: son poderosas influyentes culturales. Las grandes marcas saben que cuando un ídolo del K-pop promociona algo, los fans prestan atención; son **embajadores de marca** muy solicitados, que representan desde cosméticos hasta tecnología. Estas colaboraciones se eligen cuidadosamente para que encajen con la imagen de cada estrella y atraigan a su base de fans.

Por ejemplo, la colaboración de BTS con Samsung. La empresa tecnológica sabía que hacer que BTS grabara videos musicales en sus teléfonos haría que sus productos fueran instantáneamente más atractivos para los jóvenes de todo el mundo, pero también dio a BTS una plataforma global para mostrar su arte con videos musicales grabados con teléfonos inteligentes.

La industria de la belleza adora especialmente a las estrellas del K-pop. Grupos como BLACKPINK se han convertido en rostros de **grandes marcas de belleza,** y sus miembros suelen lanzar sus propias colecciones de maquillaje. Cuando Lisa se asoció con MAC Cosmetics, no se limitó a poner su nombre en los productos: ayudó a diseñar una colección que reflejaba su estilo personal, dando a los fans la oportunidad de conectar con ella a través del maquillaje.

La moda es otro ámbito importante en el territorio del K-pop. Los idols suelen actuar como embajadores de casas de moda de lujo,

tendiendo puentes entre la alta costura y la cultura pop. La asociación de G-Dragon con Chanel, por ejemplo, ayudó a transformar
la imagen de la clásica casa de moda, haciéndola atractiva para
toda una nueva generación en Asia y más allá.

Estas colaboraciones cumplen una doble función: no sólo sirven
para ganar dinero, sino que ayudan a establecer a las estrellas del
K-pop como grandes influyentes culturales que marcan tendencias
mucho más allá de la industria musical.

La imagen "Perfecta": Gestionando la vida de los idols para la perfección

En el mundo del K-pop, la imagen de un ídolo está tan meticulosamente coreografiada como sus rutinas de baile. Las agencias
de entretenimiento ejercen un gran control sobre la imagen
pública de sus estrellas, manteniendo cuidadosamente una
imagen limpia y comercializable; gestionan **todos los aspectos de
la vida de sus idols**, más allá de las apariciones públicas y las
actuaciones, extendiendo la influencia sobre su vida personal y su
comportamiento público.

Esto es especialmente cierto durante los años de aprendizaje de los
idols y al principio de sus carreras, cuando las agencias todavía
intentan establecer la imagen profesional de sus artistas como
modelos que encarnan las virtudes del trabajo duro, el respeto y la
dedicación.

Las agencias pueden establecer directrices estrictas para las dietas,
rutinas de ejercicio y condiciones de vida de los idols, e incluso,
ocasionalmente, gestionar su educación. Muchos idols novatos
(rookies) viven en residencias de la compañía, y sus días se estruc-
turan en torno a intensos programas de entrenamiento y
actuación.

La presencia en las redes sociales requiere especial atención en la
era digital actual. Aunque los artistas establecidos pueden
disfrutar de más libertad, la mayoría de las cuentas de los idols
son supervisadas por personal de la agencia para mantener la
coherencia con su imagen pública. Incluso los mensajes personales

a los fans suelen pasar por un proceso de revisión para garantizar que se ajusten a la marca del grupo.

Quizá el aspecto más destacable de esta gestión de la imagen sea la infame **norma de "no tener citas"**. Algunas agencias incluyen cláusulas de "prohibición de citas" en los contratos de los idols. Se considera que es mejor mantener a los idols "solteros" y sin compromiso, para ayudar a dar a sus jóvenes fans una ilusión de "alcanzabilidad" o, al menos, de disponibilidad.

Algunas empresas mantienen esta prohibición de salir durante algunos años, pero suelen relajarla cuando sus estrellas se hacen mayores o súper exitosas. Pero cuando las estrellas del K-pop salen con alguien, la reacción de los fans puede ser intensa. Cuando se descubrió que Bae Suzy, de Miss A, salía con el actor Lee Min-ho en 2015, fue una gran noticia, pero tuvo poco impacto negativo en su carrera porque ya tenía una gran base de fans. Pero los idols menos conocidos suelen ser castigados con más dureza, poniendo en grave peligro sus carreras y a sus agencias.

Aunque este nivel de control a menudo se justifica como necesario en la competitiva industria del K-pop, ha suscitado debates sobre ética y sostenibilidad, especialmente en lo que respecta a la salud mental y la libertad personal de los idols. Equilibrar una imagen comercializable con la autenticidad personal sigue siendo un desafío constante en la industria.

Cuando las cosas salen mal: Control de daños en el K-pop

Si ocurre algo y surge una polémica, como siempre ocurre -por ejemplo, sorprenden a un ídolo saliendo con alguien o le acusan de haber acosado a alguien en la escuela secundaria-, las agencias están preparadas con su libro de jugadas. Han desarrollado estrategias sofisticadas para gestionar situaciones incómodas.

Una táctica habitual es el uso de **"hiatus"**, "tiempos muertos" temporales de las actividades públicas que permiten ganar tiempo mientras se espera a que se calme la publicidad negativa. Las agencias suelen presentar estas pausas como un "tiempo de autorreflexión" para los idols, un enfoque que se ajusta bien a los valores de humildad e introspección de Asia Oriental, mientras pretende restablecer la buena voluntad del público.

En casos más serios, las empresas pueden optar por **expulsar a un miembro del grupo** para proteger la reputación de los demás. Un ejemplo de esto sería Seungri de BIGBANG. Cuando se metió en problemas legales, YG Entertainment decidió que era mejor apartarlo que arriesgarse a dañar la imagen de todo el grupo o de la agencia.

Las compañías suelen hacer que sus idols participen en **obras benéficas o de servicio público** para contrarrestar la prensa negativa. Esto puede ayudar a reparar la imagen pública de un ídolo mostrándolo como solidario y socialmente responsable. Pero no es un enfoque fiable, ya que los fans podrían creérselo o no.

LOS ROLES: CREANDO UNA DINÁMICA DE GRUPO

Un grupo de K-pop es un equipo cuidadosamente ensamblado, en el que cada miembro desempeña un papel específico en el éxito del grupo. Aunque cada vez hay más grupos que empiezan a romper los moldes tradicionales, la mayoría aún sigue estos roles establecidos:

- **Lead (Líder)**: Suele ser el miembro de más edad o con más experiencia, que guía al grupo, se ocupa de las interacciones con los medios de comunicación y mantiene la armonía del grupo. Es el portavoz y mediador del grupo.
- **Vocalista principal**: El cantante más hábil que se encarga de las partes vocales más difíciles y muestra el talento musical del grupo.
- **Bailarín principal**: El bailarín más hábil; suele ayudar a los demás miembros en la práctica de la danza.
- **Rapero principal**: El rapero más hábil que interpreta y ayuda a dar forma al estilo musical del grupo.
- **Vocalista(s):** Miembros que son cantantes muy hábiles

pero considerados por debajo del nivel "principal"; varios miembros pueden ser vocalistas secundarios.

- **Bailarín(es):** Miembros que son bailarines muy hábiles, pero considerados justo por debajo del nivel "principal"; varios miembros pueden ser bailarines secundarios.
- **Rapero(s)**: Miembros que son raperos muy hábiles, pero considerados justo por debajo del nivel "principal"; pueden ser varios miembros.
- **Centro**: El miembro situado en primer plano durante las actuaciones y promociones, elegido por su carisma, efectos visuales y presencia escénica. Este papel puede rotar o asignarse permanentemente.
- **Visual:** El miembro considerado más atractivo por su aspecto físico. A menudo se convierten en el rostro del grupo en anuncios y medios de comunicación.
- **Maknae**: El miembro más joven, a menudo representado como cute (tierno) o juguetón para atraer a los fans, aporta energía y frescura a la dinámica del grupo.
- **Polivalentes (All-Rounder)**: Miembros versátiles que pueden desempeñar múltiples funciones con eficacia, proporcionando estabilidad y flexibilidad a las actuaciones del grupo.

Estos roles asignados crean una dinámica de grupo equilibrada y dan a cada miembro una identidad distinta, permitiendo a los aficionados elegir a sus favoritos mientras apoyan al grupo en su conjunto.

Subunidades: Desglosando los grupos de K-pop en equipos más pequeños

Las compañías de K-pop suelen crear equipos más pequeños dentro de sus grupos principales -llamados "subunidades"- para mostrar diferentes talentos y estilos.

Las subunidades sirven para varios fines estratégicos:

- **Destacar los talentos individuales:** Algunos miembros pueden tener habilidades increíbles que no reciben suficiente atención en el grupo completo. Las subunidades permiten que estos talentos brillen: una subunidad puede centrarse en los vocalistas más fuertes y otra en los mejores bailarines.

- **Explorar diferentes estilos:** Aunque el grupo principal sea conocido por su pop brillante y enérgico, una subunidad podría experimentar con el R&B o el hip-hop sin cambiar la identidad principal del grupo.
- **Mantener a los fans comprometidos:** Cuando el grupo completo está entre lanzamientos o inactivo, las empresas mantienen a los fans comprometidos haciendo que las subunidades lancen música o contenidos. Este flujo constante de contenido mantiene a los fans entusiasmados y mantiene el interés y la atención de los medios de comunicación.
- **Entrar en los mercados regionales:** Al presentar a miembros originarios o populares en determinadas zonas o países, o al adaptar los estilos y temas musicales a los gustos regionales, las empresas pueden utilizar las subunidades para ampliar su alcance en el mercado.
- **Probar el potencial del mercado:** Antes de probar algo nuevo con todo el grupo, las empresas pueden probar diferentes conceptos o destacar a determinados miembros a través de subunidades para ver cómo reaccionan los fans.
- **Gestionar horarios ocupados:** Como algunos grupos tienen más de 10 miembros, las subunidades facilitan la gestión de los horarios. Mientras algunos miembros están ocupados con la actuación u otros proyectos, otros pueden promocionar en equipos más pequeños.

Algunos ejemplos notables de subunidades con éxito son:

- **Super Junior-K.R.Y:** Una subunidad centrada en la voz que destaca a los principales vocalistas de Super Junior.
- **EXO-CBX:** Conocido por un estilo musical distinto del

sonido habitual de EXO, que atrae a un público más amplio.

- **Subunidades específicas de mercado de EXO**:
  - ○ **EXO-K**: Centrado en promociones coreanas.
  - ○ **EXO-M**: Dirigido al mercado de habla china, interpretando canciones en mandarín.
- **Subunidades del NCT para el enfoque regional**:
  - ○ **WayV**: Subunidad de NCT centrada en el mercado chino, con miembros que hablan mandarín.
  - ○ **NCT 127**: Con sede en Seúl, con una fuerte presencia en Japón a través de lanzamientos japoneses regulares y la inclusión del miembro japonés Yuta.
- **3RACHA de Stray Kids**: Compuesto por los miembros Bang Chan, Changbin y Han, conocidos por componer y producir la mayoría de las canciones de Stray Kids y mostrar su talento para el rap y la lírica.

MARKETING DEL K-POP: EL VIAJE DEL COMIENZO AL ESTRELLATO

Las empresas de entretenimiento utilizan diversas estrategias de marketing meticulosamente planificadas para transformar a prometedores trainees en iconos mundiales. Este proceso comienza en el periodo previo al debut y suele seguir el siguiente patrón:

Crear expectativas Pre-debut

Crear expectativas se ha convertido en una forma de arte en el K-pop. Las empresas atraen a los fans mediante campañas en las redes sociales cuidadosamente programadas, publicando lo justo para captar su interés sin revelar demasiado. El debut de BTS es un buen ejemplo: a pesar de sus limitados recursos, Big Hit Entertainment (ahora HYBE) presentó a cada miembro gradualmente, creando curiosidad y permitiendo a los fans conectar con las personalidades individuales antes del debut oficial.

La Gran Entrada

Los grupos suelen debutar una de las siguientes dos maneras:

1. **Eventos de exhibición** en los que los fans y los medios de comunicación experimentan al grupo a través de actuaciones en directo y sesiones de preguntas y respuestas.
2. **Debuts televisivos** en programas musicales de alto perfil. Por ejemplo, BLACKPINK debutó en *Inkigayo*, marcando una entrada segura respaldada por YG Entertainment.

Circuito semanal de shows musicales

Tras debutar, los grupos participan en el competitivo circuito semanal de programas musicales, actuando en programas como *M Countdown*, *Music Bank* e *Inkigayo*. Estas apariciones implican coreografías únicas, trajes especiales y puestas en escena creativas, con el fin de competir por los trofeos del primer puesto. La atmósfera se ve realzada por los cánticos sincronizados de los fans, creando una experiencia inmersiva que fortalece el vínculo entre los artistas y el público.

Engagement de los fans

Las redes sociales han revolucionado la forma en que los grupos de K-pop conectan con sus fans. Más allá de las plataformas tradicionales como Twitter e Instagram, aplicaciones especializadas como Weverse y V Live permiten la interacción directa entre los idols y sus seguidores. Esta conexión constante mantiene el compromiso de los fans y crea una sensación de intimidad a pesar de las distancias físicas.

Expansión global

Con el aumento de su popularidad, muchos grupos de K-pop se expanden globalmente, organizando **giras mundiales** y celebrando eventos. Antes del COVID, las **reuniones de fans** y los **eventos "hi-touch"** ofrecían preciados momentos cara a cara. Algunas campañas, como la serie *Love Yourself* de BTS, trascendieron el entretenimiento al combinar el impacto musical con mensajes de autoaceptación. A través de una asociación con UNICEF, esta campaña promovió la concientización sobre la salud mental y la lucha contra la violencia, amplificando la influencia de BTS a escala mundial.

Más adelante, en el capítulo 10, trataremos con más detalle las estrategias de expansión mundial del K-pop.

Dato curioso: RM, el líder de BTS, escribió personalmente gran parte del sentido discurso en inglés que pronunció en la ONU en 2018. Su poderoso mensaje de autoaceptación y empoderamiento resonó en todo el mundo, convirtiendo a BTS en el primer grupo de K-pop en dirigirse a la ONU.

ENVOLTORIOS Y MERCHANDISING

El envoltorio de los álbumes de K-pop es una forma de arte, a menudo diseñado y fabricado como objetos elaborados y coleccionables:

- **Extras en el interior**: Los álbumes físicos suelen incluir tarjetas fotográficas, posters y mini-libros, lo que los convierte en codiciados objetos de colección.
- **Múltiples versiones**: Los álbumes pueden lanzarse en varias versiones con diseños únicos para ofrecer variedad a los fans y fomentar las compras múltiples. Por ejemplo, el álbum *Don't Mess Up My Tempo* de EXO tenía diferentes versiones, cada una de las cuales celebraba una época distinta de la música rock a través de su diseño.
- **Ediciones limitadas**: Algunos álbumes vienen en ediciones limitadas con materiales de primera calidad o efectos visuales especiales, lo que aumenta su atractivo.

Estos enfoques hacen que los álbumes sean valiosos para los fans como objetos de colección que "simplemente tienen que tener", creando una experiencia inmersiva que va más allá de la propia música.

Merchandising

El merchandising del K-pop va más allá de los típicos artículos musicales e incluye:

- **Lightstick (barras de luz personalizadas)**: Cada gran grupo tiene su propia barrita luminosa característica, un dispositivo único que los fans agitan en los conciertos, creando fascinantes patrones de luces sincronizadas y controladas centralmente. No son simples barritas luminosas: son símbolos cuidadosamente diseñados de la identidad de los fans.
- **Merchandising de personajes**: Algunos grupos crean peluches o merchandising basados en mascotas o avatares. BTS colaboró con LINE FRIENDS para crear BT21, una colección de adorables personajes diseñados por los propios miembros. Estos personajes aparecen en todo tipo de artículos, desde peluches hasta material escolar, para que los fans tengan un trocito de BTS en casa.
- **Productos de estilo de vida**: Desde ropa hasta accesorios, los grupos de K-pop lanzan productos de estilo de vida con logotipos o diseños inspirados en los miembros, lo que permite a los fans incorporar sus grupos favoritos a la vida cotidiana.

A través de estos productos bien diseñados, los grupos de K-pop crean conexiones tangibles con sus fans, convirtiendo la apreciación de la música en una experiencia más personal e interactiva.

CREAR el paquete perfecto de K-pop es una forma de arte que sigue evolucionando. Desde el meticuloso proceso de producción musical hasta el innovador uso de la tecnología para atraer a los fans, cada aspecto es considerado y refinado cuidadosamente. El éxito mundial del K-pop es un testimonio de la capacidad de la industria para crear una experiencia de entretenimiento integral que va más allá de la música, combinando actuaciones asombrosas, personalidades atractivas y una profunda conexión con los fans.

CAPÍTULO 7

LOS TITANES DEL K-POP
EL AVANCE MUNDIAL DE LA TERCERA GENERACIÓN: 2012-2017

AL COMENZAR EL 2012, el K-pop estaba a punto de entrar en un nuevo y emocionante capítulo. Durante los cinco años siguientes, surgiría una nueva oleada de grupos de K-pop -conocida como la Tercera Generación- que cambiaría para siempre el panorama musical mundial. Estos artistas no sólo encabezaron las listas de éxitos en Corea, sino que ayudaron a convertir el K-pop de una historia de éxito local en algo que el mundo entero acogería con entusiasmo.

OTRA TORMENTA PERFECTA: LA ECONOMÍA, LA TECNOLOGÍA Y HALLYU 2.0

¿Qué hizo posible este éxito mundial? Fue una combinación que creó el momento perfecto. **La economía** de Corea del Sur se recuperó y repuntó tras la crisis financiera mundial de 2008. Entre 2010 y 2017, la economía del país creció de forma impresionante, pasando de 1,09 billones de dólares a 1,53 billones, lo que dio a las empresas de entretenimiento los recursos que necesitaban para pensar a lo grande.

Al mismo tiempo, **la tecnología** acercaba a la gente más que nunca. En Corea del Sur, los teléfonos inteligentes pasaron de ser algo raro a estar en todas partes: en 2011 sólo el 22% de la gente tenía un teléfono inteligente, sin embargo, para el 2017 casi todo el mundo los tenía (87%). Lo mismo ocurría en todo el mundo: los usuarios de teléfonos inteligentes pasaron de 1.000 millones a 3.000 millones de personas, lo que abrió una gran audiencia para el K-pop.

Los servicios de streaming musical también cambiaron la forma en que la gente descubría nueva música. Aunque **Spotify** (lanzado en 2008) no estuvo disponible en Corea del Sur hasta 2021, a nivel mundial pasó de 15 millones de usuarios en 2012 a 170 millones en 2017. Esto significaba que un adolescente de Brasil o Canadá podía tropezar fácilmente con una canción de K-pop y enamorarse de ella.

YouTube contribuyó especialmente a difundir el K-pop a través de todo el mundo. En 2012, los videos de K-pop recibían miles de millones de visitas cada año. Cuando "Gangnam Style" de PSY se convirtió en el primer video de YouTube en alcanzar los mil millones de visitas en diciembre de 2012, fue un momento decisivo para la visibilidad global del K-pop.

Reconociendo el poder de sus exportaciones culturales, el gobierno surcoreano aumentó aún más su apoyo. Con el programa **"Hallyu 2.0"**, duplicaron con creces sus fondos para la promoción cultural: de 182 millones de dólares en 2009 a más de 420 millones en 2017.

El escenario estaba preparado para el siguiente capítulo del K-pop. Los grupos que debutaron durante esta época pasarían de ser estrellas locales a iconos globales, alcanzando niveles de éxito internacional con los que las generaciones anteriores sólo podrían haber soñado.

CARACTERÍSTICAS DEFINITORIAS E INNOVACIONES DE LA INDUSTRIA

Cuando la Tercera Generación de estrellas del K-pop irrumpió en escena entre 2012 y 2017, tenía algo especial a su favor: una industria del entretenimiento que soñaba más a lo grande que nunca. Aunque en estos grupos llevaban adelante lo mejor de lo que habían construido las estrellas anteriores, también contaban con la ventaja de unas empresas que se estaban volviendo más astutas a la hora de llegar al público mundial. Esta poderosa combinación de artistas con talento y una industria en evolución ayudaría al K-pop a conquistar nuevos territorios en todo el mundo:

Amos de las redes sociales: Las estrellas del K-pop se volvieron increíblemente hábiles a la hora de conectar con los fans online, convirtiendo **Twitter** e **Instagram** en sus hogares virtuales lejos de casa. Toma a BTS, por ejemplo: para 2017, habían acumulado un gran número de seguidores en Twitter que haría sentir celos a la mayoría de las celebridades. Estas plataformas permiten a los artistas charlar directamente con los fans y compartir fragmentos de su vida cotidiana, ya sea a través de divertidas selfies o de momentos entre bastidores. Incluso cuando artistas y fans no hablaban el mismo idioma, un emoji de corazón o una publicación con "me gusta" lo decían todo, ayudando a crear comunidades de fans devotos en todo el mundo.

Entrenamiento para un escenario global: El famoso e intenso sistema de entrenamiento del K-pop se hizo aún más ambicioso. Las empresas de entretenimiento sabían que, para globalizarse de verdad, sus artistas necesitaban algo más que unos movimientos de baile perfectos y una voz impecable. Empezaron a hacer mucho hincapié en el **aprendizaje de idiomas**, preparando a sus artistas para comunicarse en inglés, japonés e incluso español. Esto significaba que los idols podrían conectar con fans de todo el mundo en sus propios idiomas, haciendo que las entrevistas y los encuentros fueran más personales. **La formación cultural** también pasó a formar parte del plan de estudios, y las empresas prepararon a los idols no sólo para actuar, sino también para desenvolverse en diversos entornos culturales, preparando a sus estrellas para ser embajadores culturales que pudieran representar con confianza al K-pop y a Corea del Sur dondequiera que fueran.

Globalización desde el primer día: La industria del K-pop empezó a ser más audaz con sus estrategias de lanzamiento, y algunos grupos pusieron sus miras en el éxito internacional desde el primer día. El debut de GOT7 en 2014 fue un ejemplo perfecto:

arrasaron con sus presentaciones tanto en Corea del Sur como en Japón. Aunque la mayoría de los grupos seguían centrándose en triunfar primero en su país, este nuevo enfoque demostró que la industria estaba cambiando de mentalidad. En lugar de conquistar Corea antes de mirar al extranjero, algunas empresas estaban dispuestas a globalizar a sus artistas desde el principio.

Llevando los videos musicales y los álbumes al siguiente nivel: Los videos de K-pop empezaron a parecerse más a minipelículas, con impresionantes efectos visuales y una rica narrativa. BTS subió realmente el listón en 2015 con "I Need U", que dio inicio a su épica historia del "Universo BTS": de repente, los fans no se limitaban a ver videos musicales, sino que buscaban significados ocultos y conexiones. Los álbumes también se convirtieron en experiencias artísticas. Cuando EXO lanzó *EXODUS* en 2015, dio a cada miembro su propia portada especial. Los grupos comenzaron a tejer historias y temas enteros a través de sus álbumes. Ya no se trataba sólo de las canciones: los fans se veían arrastrados a mundos artísticos enteros que podían explorar y sobre los que podían teorizar.

Promociones mixtas: Las empresas de entretenimiento se las ingeniaron para mantener entusiasmados a los fans durante todo el año, permitiendo que los miembros de los grupos se diversificaran entre los comeback principales. Algunos artistas se unían para formar subunidades, mientras que otros brillaban como solistas. Suga, de BTS, se transformó en Agust D en 2016, mostrando a los fans una faceta totalmente distinta de sí mismo. Grupos como Red Velvet también jugaron con esta fórmula, cambiando las cosas con diferentes combinaciones de miembros. Todos salían ganando: los fans disfrutaban de nuevos contenidos y los artistas experimentaban con nuevos estilos y sonidos.

Sinergias entre el K-drama y el K-pop: El K-pop y el K-drama se fortalecieron juntos, y cada industria amplificó el éxito de la otra. Los idols populares encontraron nuevas salidas creativas a través de papeles actorales, mientras que su música se convirtió en parte integrante de las bandas sonoras de los dramas. Este enfoque cruzado demostró ser muy eficaz: los fans podían disfrutar de sus artistas favoritos en múltiples contextos, mientras que el entretenimiento coreano en su conjunto se afianzaba en todo el mundo. Juntas, estas industrias ayudaron a establecer a Corea como una fuerza importante en el entretenimiento moderno.

Colaboraciones internacionales: Las colaboraciones con artistas occidentales solían ser poco frecuentes, pero a medida que el K-pop fue creciendo, se hicieron cada vez más comunes. BTS grabó canciones con Halsey y Steve Aoki, mientras que BLACKPINK unió fuerzas con Dua Lipa. Estas colaboraciones hicieron algo más que crear buena música: ayudaron al K-pop a llegar a nuevos seguidores en todo el mundo y demostraron que la música pop no necesitaba estar en inglés para ser enorme. Cambió por completo el juego de lo que significa ser una superestrella internacional.

Experimentación de géneros: Empujando los límites musicales, los grupos de tercera generación experimentaron con una gran variedad de géneros. BTS amplió su repertorio del hip-hop al pop, rock, EDM y más allá, mientras que TWICE pasó de conceptos "cute" a temas más maduros. Esta voluntad de experimentar con diferentes estilos musicales ayudó a los grupos de Tercera Generación a atraer a todo tipo de fans de la música, desde los amantes del rock hasta los entusiastas del pop.

Ecosistema del fandom: La conexión entre las estrellas del K-pop y sus fans se hizo más fuerte que nunca durante esta época. Los clubes de fans oficiales y las comunidades online como EXO-L de EXO (creada en 2014) ofrecían a los fans contenidos exclusivos y una conexión más estrecha con sus idols. Aunque todavía no existían plataformas como **Lysn** y **Weverse**, la tercera generación preparó el terreno para los vibrantes ecosistemas de fans de hoy en día, ofreciendo a los fans espacios dedicados para reunirse y apoyar a sus grupos favoritos.

Giras mundiales de conciertos: Los conciertos de K-pop se convirtieron en verdaderos eventos internacionales durante esta época. Cuando BTS lanzó la gira *The Wings* en 2017, actuaron en 17 ciudades de Asia, Norteamérica, Sudamérica y Oceanía. Estas **giras internacionales masivas** demostraron lo popular que se había vuelto el K-pop y ayudaron a crear un número aún mayor de seguidores en todo el mundo. Los fans que antes sólo podían ver a sus grupos favoritos en Internet, ahora podían experimentar la emoción de las actuaciones en vivo en sus propios países.

Las estrellas del K-pop como embajadores culturales: Los artistas de K-pop se convirtieron en representantes de la cultura surcoreana en todo el mundo. Un momento decisivo se produjo durante los Juegos Olímpicos de Invierno de 2018 en Pyeong-chang, cuando el grupo EXO actuó en la ceremonia de clausura. Millones de personas de todo el mundo les vieron actuar en este prestigioso acontecimiento internacional. Las estrellas del K-pop eran ahora embajadores culturales no oficiales de Corea.

La Tercera Generación de artistas de K-pop surgió en el momento justo. Habiendo crecido en un mundo conectado, comprendieron cómo llegar al público internacional y utilizar la tecnología en su beneficio. Su determinación y sus habilidades contribuyeron a que el K-pop fuera más popular que nunca. El éxito de estos artistas abrió las puertas a las nuevas estrellas del K-pop para conectar con los fans de todo el mundo.

IDOLS NOTABLES DE LA TERCERA GENERACIÓN DE K-POP Y SU IMPACTO

EXO (2012-Presente, SM Ent.): Debutó con un innovador concepto de subunidad doble (EXO-K para Corea, EXO-M para China). Su debut en el Estadio Olímpico de Seúl demostró la confianza de SM en el grupo. *MAMA* (2012) introdujo su concepto de poderes sobrenaturales, estableciendo un nuevo estándar para la narrativa del K-pop. Su álbum *XOXO* (2013) se convirtió en el primer millón de ventas en Corea en 12 años, desde el *Chapter 4* de g.o.d.

BTOB (2012-Presente, Cube Ent.): Conocidos por sus excepcionales habilidades vocales, BTOB equilibró una imagen juguetona con una musicalidad seria. Su cambio a las baladas con *It's Okay* (2015) mostró a su versatilidad, y el papel de Sungjae en *Goblin* (2016), un popular drama televisivo, aumentó la popularidad del grupo.

VIXX (2012-2023, Jellyfish Ent.): Apodados los "reyes conceptua-les" del K-pop, VIXX redefinieron la narrativa de los grupos de idols con temas oscuros y dramatizados en hits como "Voodoo Doll" (2013) y "Shangri-La" (2017). Su innovador uso de los visuales y sus actuaciones narrativas influyeron en la industria, convirtiéndolos en un grupo destacado de la tercera generación.

BTS (2013-Presente, Big Hit/ahora HYBE): Los reyes indiscutibles que revolucionaron el alcance global del K-pop. Su álbum *Wings* (2016) se convirtió en el primer álbum de K-pop en figurar durante varias semanas en la lista Billboard 200, y "DNA" (2017) fue el primer MV de un grupo de K-pop en alcanzar 1.000 millones de visitas en YouTube. Su discurso de 2018 en la ONU para el lanzamiento de la campaña *Generation Unlimited* de UNICEF elevó el impacto cultural del K-pop, con su campaña *Love Myself* que promueve la salud mental y el amor propio. Su fandom, ARMY, ha establecido nuevos estándares para las activi-dades organizadas de los fans y la filantropía.

Sunmi (solista, 2013-Presente, JYP Ent.): Su canción "24 Hours" (2013) marcó una exitosa transición de Wonder Girls a solista, y "Gashina" (2017) se hizo viral por su coreografía, consolidando su estatus de artista solista de primera línea.

CL (solista, 2013-Presente, YG Ent.): Como antigua líder de 2NE1, la carrera en solitario de CL encarnó las ambiciones globales en expansión del K-pop. Su single de debut, "The Baddest Female" (2013), mostró su feroz estilo rap. Luego ganó visibilidad en el mercado estadounidense con su colaboración en "Doctor Pepper" (2015) con Diplo. Por último, su single en inglés "Lifted" (2016) le abrió nuevos caminos, convirtiéndola en la primera solista femenina de K-pop en entrar en la lista Billboard Hot 100 y consolidando aún más su presencia en la escena musical occidental.

RED VELVET (2014-Presente, SM Ent.): Conocidas por su doble concepto de "rojo" (vibrante) y "terciopelo" (suave), "Russian Roulette" (2016) mostró su peculiar estilo. Fueron de los primeros grupos de K-pop en actuar en Corea del Norte en 2018.

GOT7 (2014-Presente, JYP Ent.): Grupo multinacional conocido por sus actuaciones acrobáticas, "Just Right" (2015) de GOT7 llamó la atención por su mensaje positivo. El trabajo como solista de Jackson amplió su alcance en China, y su salida de JYP en 2021 conservando el nombre del grupo sentó un precedente en el K-pop.

Dato curioso: *GOT7 hizo historia como uno de los primeros grupos de K-pop en celebrar una reunión de fans en Oriente Medio. En 2017, organizaron un evento de fans en Dubai, Emiratos Árabes Unidos.*

MAMAMOO (2014-Presente, RBW Ent.): Conocidas por sus potentes voces y actuaciones en directo, "Um Oh Ah Yeh" (2015) mostró su estilo retro y humorístico. La aparición de Solar en *We Got Married* (2016) aumentó aún más su presencia en programas de variedades.

WINNER (2014-Presente, YG Ent.): Conocidos por componer y producir ellos mismos, WINNER ganó popularidad masiva con "Empty" (2014) apenas debutó. Su estilo versátil y su fuerte presencia pública ayudaron a consolidar el lugar de YG entre la Tercera Generación.

Akdong Musician (AKMU) (2014-Presente, YG Ent.): El dúo de hermanos AKMU aportó un sonido fresco y único al K-pop. Conocidos por sus letras llenas de significado y su estilo acústico, su álbum *Play* (2014) tuvo un gran éxito en las listas.

TWICE (2015-Presente, JYP Ent.): TWICE dominó inicialmente con su concepto "cute" antes de evolucionar hacia un estilo más maduro. "Cheer Up" (2016) popularizó la frase "shy shy shy" (tímida, tímida, tímida), y su debut japonés batió récords para los grupos de chicas de K-pop en Japón. Tzuyu fue clasificada como el rostro más bello del mundo por TC Candler en 2019.

SEVENTEEN (2015-Presente, Pledis Ent.): Conocido como grupo autoproducido, "Don't Wanna Cry" (2017) de SEVENTEEN mostró su profundidad emocional. Su serie de YouTube *Going Seventeen* estableció nuevos estándares para el contenido impulsado por idols.

MONSTA X (2015-Presente, Starship Ent.): Conocidos por sus intensas actuaciones y su poderoso estilo, "Hero" (2015) consolidó su imagen. MONSTA X se convirtió en el primer grupo de K-pop en la gira Jingle Ball de iHeartRadio en 2018.

iKON (2015-actualidad, YG Ent.): El single debut de iKON "My Type" (2015) logró un éxito absoluto en las listas coreanas, y "Love Scenario" (2018) se convirtió en un fenómeno cultural, especialmente popular entre los oyentes jóvenes.

GFRIEND (2015-2021, Source Music): Conocidas por su "poderosa inocencia" y su precisa coreografía; "Rough" (2016) batió récords con 15 victorias en programas musicales, un hito para los grupos de chicas.

DAY6 (2015-Presente, JYP Ent.): Conocido como grupo de pop-rock, "Congratulations" (2015) de DAY6 mostró una narrativa emocional. Su proyecto *Every DAY6* (2017), que publica música mensualmente, estableció un nuevo estándar para los regresos regulares (comebacks).

Taeyeon (solista, 2015-actualidad, SM Ent.): El debut en solitario de esta miembro de Girls' Generation, "I" (2015), encabezó las listas de éxitos, y "Fine" (2017) reforzó su estatus como una de las mejores solistas del K-pop.

BLACKPINK (2016-Presente, YG Ent.): BLACKPINK saltó al estrellato rápidamente. "Whistle" (2016) ganó en *Inkigayo* sólo 14 días después de su debut, un récord para los grupos de chicas, y "DDU-DU DDU-DU" (2018) se convirtió en el MV de grupo de K-pop más visto. Hicieron historia como el primer grupo de chicas de K-pop que actuó en Coachella en 2019. Se las considera en gran medida la contrapartida femenina de BTS.

NCT (2016-Presente, SM Ent.): NCT introdujo un innovador concepto de "miembros infinitos" con múltiples subunidades. El tema "Fire Truck" (2016) de NCT 127 puso de relieve su estilo experimental, y "Chewing Gum" (2016) de NCT DREAM incluyó una coreografía con un hoverboard, mostrando el talento tecnológico de SM.

ASTRO (2016-Presente, Fantagio): Conocidos por un concepto positivo y "brillante", "Breathless" (2016) hizo hincapié en la coreografía sincronizada. La actuación de Cha Eunwoo en *"My ID is Gangnam Beauty"* (2018) aumentó significativamente la visibilidad de ASTRO.

PENTAGON (2016-Presente, Cube Ent.): Grupo auto-producido conocido por sus diversos conceptos, "Shine" (2018) de PENTAGON se hizo viral por su pegadiza coreografía y mostró las habilidades compositivas de sus miembros.

SF9 (2016-Presente, FNC Ent.): El primer grupo de chicos de FNC enfocado en la danza, SF9 se dio a conocer por sus coreografías afiladas, con "Roar" (2017) como ejemplo de su estilo. La actuación de Rowoon en *"Extraordinary You"* (2019) atrajo más atención al grupo.

The Boyz (2017-Presente, IST Entertainment): Conocidos por sus actuaciones sincronizadas y llenas de energía, The Boyz fueron aclamados por su coreografía y presencia escénica. Al ganar *Road to Kingdom* en Mnet en 2020 consolidaron su reputación como líderes de la actuación, ayudándoles a expandirse internacionalmente, especialmente en Japón.

Jackson Wang (solista, 2017-Presente, Equipo Wang): Jackson, de GOT7, lanzó con éxito una carrera como solista, especialmente en China, con "Papillon" (2017), que supuso su debut. Fundó su propio sello, Team Wang, y compagina actividades en grupo y en solitario en los ámbitos de la música, la moda y los medios de comunicación.

Dreamcatcher (2017-Presente, Compañía Dreamcatcher): Destacaron por su sonido influenciado por el rock y sus visuales inspirados en el terror, debutando con "Chase Me" (2017). Su concepto único y su oscura narrativa les valieron una gran base de seguidores en todo el mundo, demostrando que los estilos alternativos podían prosperar en el K-pop.

Wanna One (2017-2019, Swing Ent.): Wanna One, un boy group nacido de la temporada 2 del programa Produce 101, se convirtió en una sensación instantánea con "Energetic" (2017), consiguiendo éxitos en todas las listas y batiendo récords de ventas. Su éxito como grupo temporal redefinió el impacto de los grupos creados por programas de supervivencia.

LEGADO DE INFLUENCIA E IMPACTO

La Tercera Generación de K-pop marcó una nueva fase en la expansión del género: **pasaron de ser regionales a globales**. Entre 2012 y 2017, las exportaciones de K-pop se duplicaron con creces, pasando de 235 millones de dólares a aproximadamente 513 millones de dólares, lo que demuestra lo popular que se había hecho internacionalmente.

Pero la verdadera historia no estaba sólo en las cifras, sino en cómo estos grupos cambiaron la cultura popular en todo el mundo. Con grupos como BTS y BLACKPINK a la cabeza, el K-pop influyó en todo, desde **el turismo -que convirtió** a Corea del Sur en un destino de visita obligada para los fans internacionales- hasta la **moda** y la belleza. Las marcas de lujo -incluidas las principales europeas- buscaron ansiosamente a estos idols como embajadores, mientras que los productos **de belleza "K-beauty"** ganaron popularidad, ayudando a que las exportaciones de cosméticos de Corea del Sur alcanzaran casi 5.000 millones de dólares en 2017.

Más allá de la moda, el K-pop inspiró una oleada de interés por la **lengua y la cultura coreanas**. Por ejemplo, las solicitudes para el examen de aptitud de coreano (TOPIK) casi se triplicaron de 2012 a 2017. Los fans se sintieron atraídos no sólo por la música, sino por la cultura que encarnaban los idols de tercera generación.

Dato curioso: En 1957, Corea del Sur empezó a exigir a todos los varones de entre 18 y 28 años que sirvieran en el ejército durante 18-21 meses, sin excepciones. En 2020, se aprobó una ley especial que permitía a las estrellas del K-pop que contribuyeran significativamente a la cultura nacional (en otras palabras: a la economía) aplazar su alistamiento hasta los 30 años, inspirada por el éxito mundial de BTS. Jin fue el primer miembro de BTS que se alistó en virtud de esta ley a los 30 años, en diciembre de 2022, seguido de J-Hope y Suga en 2023. Los miembros más jóvenes -RM, Jimin, V y Jungkook- comenzaron su servicio en diciembre de 2023, con edades comprendidas entre los 26 y los 29 años, cumpliendo con sus obligaciones mientras hacían historia como iconos globales.

Sin embargo, el rápido éxito trajo nuevos desafíos. Entre 2012 y 2017 debutaron más de 300 grupos, lo que intensificó aún más la presión competitiva sobre los artistas. La carga psicológica de los idols se hizo más visible, con casos muy sonados que pusieron de manifiesto sus problemas de salud mental. El arma de doble filo de las redes sociales, aunque conectaba a los artistas con audiencias globales, también los exponía a invasiones de su privacidad y al ciberacoso. Surgieron cuestiones sobre la sensibilidad cultural a medida que la influencia del K-pop se extendía por diversas audiencias globales.

Incluso con estos dessafíos, esta generación de estrellas del K-pop hizo algo extraordinario: convirtieron la música pop coreana en un movimiento mundial. No se limitaron a encabezar las listas musicales, sino que cambiaron la forma en que la gente de todo el mundo piensa sobre el entretenimiento, la moda y la cultura. A finales de 2017, estaba claro que el K-pop se había asegurado firmemente su lugar en la escena mundial, no sólo como género musical, sino como fuerza motriz de la cultura pop global.

CAPÍTULO 8

EL FANDOM DEL K-POP
EL CORAZÓN DEL FENÓMENO GLOBAL

MIENTRAS NUESTRA HISTORIA pasa de la Tercera a la Cuarta Generación de estrellas del K-pop, detengámonos un momento en algo verdaderamente especial: el increíble mundo de los fans del K-pop. Por increíbles que sean los artistas, el K-pop no habría llegado a ser lo que es hoy sin las poderosas fuerzas de la apasionada comunidad de fans que lo respalda.

El fandom del K-pop es algo único en el mundo del entretenimiento. No son meros oyentes pasivos de música: son actores activos en la configuración de la industria del K-pop y el éxito de sus estrellas. Así que antes de continuar nuestro viaje a través de las generaciones del K-pop, echemos un vistazo más de cerca a cómo estos entregados fans se convirtieron en el corazón palpitante de la historia de éxito del K-pop.

EL NACIMIENTO DE UN MOVIMIENTO

La historia del fandom del K-pop comenzó en la década de 1990, junto con el auge de los idols de la primera generación. Como exploramos en el Capítulo 2, el "Club H.O.T." de H.O.T. y el "Yellow Kies" de Sechs Kies fueron clubes de fans pioneros que establecieron el estándar de oro de la devoción.

El Club H.O.T (más tarde apodado "White Angels" o "Ángeles Blancos") hacía que los conciertos fueran mágicos al transformar los recintos en espacios blancos, vistiendo trajes blancos y agitando globos blancos. Crearon cánticos especiales que hacían cantar juntas a multitudes enteras, y encontraron formas creativas de promocionar a sus artistas favoritos, como alquilar un camión para recorrer Seúl y promocionar el álbum de su grupo. Los Yellow Kies también eran un fandom muy comprometido, reunían su dinero para proyectos especiales, como colocar carteles de cumpleaños y hacer donaciones benéficas en nombre de su grupo. Estos primeros proyectos de los fans iniciaron tradiciones que hoy siguen los fans del K-pop de todo el mundo.

En aquellos primeros tiempos, los clubes de fans eran de la vieja escuela: se reunían en persona, publicaban y distribuían boletines impresos y organizaban encuentros cara a cara con sus idols. Estas reuniones no se limitaban a ver a las estrellas, sino que unían a los fans como amigos. Este sentido de comunidad y apoyo se convirtió en una parte esencial de la cultura K-pop que aún hoy la define.

Dato curioso: *El concepto de nombres de fandom se remonta al siglo XIX, cuando a los devotos admiradores de Jane Austen, la escritora inglesa, se les llamaba "Janeites". Mucho antes del K-pop, estos fans formaban una comunidad de entusiastas con ideas afines y llevaban esa identidad con orgullo.*

EL FANDOM EN LA ERA DIGITAL

Cuando llegó el año 2000, Internet empezó a cambiar la forma en que los fans del K-pop se conectaban entre sí. Los foros en línea de plataformas como **Daum** y **Naver** se convirtieron en lugares de reunión virtuales donde los fans podían conectarse entre sí independientemente de la geografía. Ahora, cualquier persona con acceso a Internet podía formar parte de estos grupos de fans, viviera donde viviera.

Las cifras por sí solas eran impresionantes. Por ejemplo, el café de fans "Cassiopeia" de TVXQ en Daum contaba con más de 800.000

miembros a mediados de la década de 2000, una cifra impensable en la época de los clubes de fans físicos. Los fans de BIGBANG (llamados "V.I.P") se hicieron famosos por sus eventos bien organizados online. Los fans de Super Junior (conocidos como "E.L.F") crearon clubes de fans más pequeños en distintos idiomas para que pudieran unirse personas de todo el mundo.

Estos espacios en línea revolucionaron la interacción entre los fans. Se pusieron a disposición actualizaciones en tiempo real sobre los horarios y apariciones de los idols, y se compartieron ampliamente fotos y **fancams** de alta calidad, alimentando el creciente apetito de contenidos de los fans. Los fans internacionales se organizaron para traducir los medios coreanos, rompiendo las barreras lingüísticas y haciendo que los contenidos fueran más accesibles para los fans de todo el mundo.

El auge de las redes sociales a finales de la década de 2000 y principios de 2010 llevó al fandom del K-pop a una nueva era. **Twitter** era perfecto para actualizaciones rápidas y para conseguir que los temas del K-pop fueran tendencia. Los grupos de Facebook ofrecían a los fans un lugar donde mantener conversaciones más largas y planificar eventos juntos. En 2021, los tweets relacionados con el K-pop habían superado los 7.500 millones anuales, un testimonio del inmenso alcance y compromiso global del fandom.

Esta transformación digital también cambió la forma en que los fans interactuaban con sus idols. Plataformas como **V Live** permitían a los idols retransmitir directamente a los fans, y algunas retransmisiones atraían a más de un millón de espectadores al mismo tiempo. **Weverse** y **Bubble**, desarrolladas por empresas de entretenimiento, llevaron esta conexión aún más lejos, ofreciendo servicios de suscripción para que los fans recibieran mensajes directamente de sus idols. La distancia entre fans e idols nunca había parecido tan pequeña.

EL PODER DE LA ACCIÓN COLECTIVA

El fandom actual del K-pop es una fuerza a tener en cuenta. Han logrado hazañas asombrosas mediante esfuerzos organizados y coordinados. **Las "fiestas de streaming"** son eventos que se celebran habitualmente, en los que fans de todo el mundo reproducen sus canciones favoritas en YouTube y Spotify para impulsar la clasificación de sus idols en las listas de éxitos.

No se trata de sesiones de escucha casuales, sino de actos de campaña cuidadosamente organizados. Los fans crean calendarios detallados que muestran quién debe retransmitir cuándo, asegurándose de que las canciones se reproduzcan a todas horas en las distintas zonas horarias. Hacen circular guías paso a paso que explican la forma correcta de hacer streaming para que sus reproducciones cuenten realmente. Algunos fans incluso recaudan fondos para comprar pases de streaming o suscripciones para quienes no pueden permitírselos. Esto demuestra realmente la fuerza del vínculo comunitario.

Los resultados pueden ser asombrosos. En 2020, cuando BTS lanzó "Dynamite", su fandom, ARMY, se movilizó a una escala nunca vista. El video musical obtuvo 101,1 millones de visitas en sus primeras 24 horas, estableciendo un récord en YouTube. Del mismo modo, los fans de BLACKPINK consiguieron que su canción "How You Like That" tuviera 100 millones de visitas en sólo 32 horas. Estas cifras reflejan no sólo el tamaño del fandom, sino también el nivel de dedicación y organización que distingue al fandom del K-pop.

Las campañas en las redes sociales son otra poderosa herramienta del arsenal del fandom. Cuando TWICE lanzó "More & More" en 2020, tantos fans tuitearon sobre él que se convirtió en uno de los temas más comentados en todo el mundo. Y cuando BTS lanzó "Permission to Dance" en 2021, los fans generaron más de 5 millones de tweets en la primera hora. A veces, los fans utilizan las redes sociales para mostrar su apoyo en tiempos difíciles: cuando GOT7 dejó JYP, los fans mantuvieron #GOT7_FOREVER en tendencia durante días para demostrar que seguían apoyando al grupo.

Y luego están las votaciones para los **espectáculos musicales y los premios.** Los Mnet Asian Music Awards (MAMA) de 2020 recibieron más de 60 millones de votos, lo que subraya la pasión y el compromiso de los fans. Algunos fandoms incluso desarrollan aplicaciones y sitios web personalizados para hacer un seguimiento del número de votos y ayudar a que todos colaboren.

Expresiones creativas del fandom

El fandom del K-pop va más allá del streaming y las votaciones; es una fuente de creatividad impresionante. Un claro ejemplo de esto es el **fan art**. En redes sociales como Instagram y **DeviantArt**, fans con talento comparten todo tipo de increíbles obras de arte. Algunos dibujan hermosos y detallados retratos de sus artistas favoritos, mientras que otros crean divertidos dibujos imaginando a sus estrellas favoritas en situaciones mágicas o fantásticas. Algunos artistas de fan art han obtenido tanto reconocimiento que las empresas de entretenimiento les han contratado para que les ayuden a diseñar productos oficiales.

La fan fiction permite a los escritores ampliar el universo de sus idols favoritos, creando historias que van desde relatos románticos a complejas realidades alternativas. En plataformas como **Archive of Our Own (AO3)**, las historias relacionadas con BTS se cuentan en cientos de miles. Algunas de estas narraciones de fans se han vuelto tan populares que los escritores las convirtieron en sus propios libros originales cambiando los nombres de los personajes.

Y claro, no podemos olvidar los **encuentros de fans,** en las que los amigos online se conocen en persona. Pueden ser tan simples como un grupo de fans que se reúnen en una cafetería, o tan grandes como eventos masivos como **la KCON**, que se ha convertido en una gigantesca convención de K-pop celebrada en todo el mundo. Estas reuniones ayudan a los fans a sentirse parte de algo especial y les permiten compartir su entusiasmo con otras personas que comprenden su pasión.

Las reuniones oficiales de fans, en las que pueden conocer a sus estrellas favoritas, son acontecimientos realmente especiales. Por ejemplo, cuando BTS celebró su 5º evento Muster "Magic Shop" en Busan en junio de 2019, 45.000 fans acudieron a verlos durante dos días. Y cuando EXO anunció su reunión de fans llamada *EXOPLANET #3 - The EXO'rDIUM[dot]* en 2017, las 10.000 entradas se agotaron en menos de cinco minutos.

LA FUERZA ECONÓMICA DEL FANDOM

El impacto económico del fandom del K-pop es inmenso, y **las ventas de álbumes** por sí solas cuentan parte de esta historia. Cuando BTS lanzó su álbum *Map of the Soul: 7* en 2020, los fans compraron más de 4,17 millones de copias en sólo nueve días, estableciendo un récord para los álbumes de K-pop. *The Album* de BLACKPINK se convirtió en el primer álbum de un grupo de chicas de K-pop en alcanzar el millón de ventas. Así es como los fans hacen hablar al dinero.

Las entradas para los conciertos son otra forma de que los fans muestren su apoyo con sus billeteras. La gira *Love Yourself: Speak Yourself* de BTS en 2019 recaudó 116,6 millones de dólares con aproximadamente 976.000 asistentes en 20 conciertos. El impacto va mucho más allá de la venta de entradas. Cuando BTS actuó en Seúl en 2019, sus conciertos atrajeron a fans internacionales, contribuyendo con unos 860 millones de dólares a la economía de Corea del Sur a través del **turismo, el transporte y el gasto en alojamiento**. En Chicago, los comercios de los alrededores del Soldier Field informaron de un aumento significativo de las ventas durante los días de concierto de BTS.

La influencia del fandom del K-pop en la economía es tan grande que ha llamado la atención de gobiernos y economistas. El Instituto de Investigación Hyundai (un grupo que estudia la economía) estimó que sólo BTS contribuyó con unos 3.600 millones de dólares a la economía de Corea del Sur en 2019, incluidas las exportaciones, el turismo y otras actividades relacionadas. Se calcula que la industria del K-pop tuvo un valor de unos 5.740 millones de dólares ese mismo año.

Este poder económico ha llevado a un mayor reconocimiento de la importancia del fandom. Las compañías consultan ahora a los fans sobre el diseño de productos y la planificación de conciertos para satisfacer mejor sus preferencias. El gobierno surcoreano también ha reconocido el papel de los fans en la diplomacia cultural y la promoción del turismo, reconociendo que el fandom del K-pop se ha convertido en una fuerza tanto económica como cultural.

EL LADO OSCURO DEL FANDOM

Aunque la mayoría de las actividades de los fans son positivas, es importante reconocer los aspectos más oscuros del fandom. Una de las mayores preocupaciones son los **"fans sasaeng"**, fans demasiado obsesivos que pueden acechar a los idols, piratear sus cuentas privadas en Internet o incluso intentar entrar en sus habitaciones de hotel. La carga psicológica para los idols puede ser muy pesada, y muchos han hablado de la ansiedad y el estrés causados por las constantes invasiones a su privacidad.

Otro gran problema son las **"guerras de fans"**, cuando diferentes grupos de fans se pelean entre sí. Estos conflictos entre grupos de fans pueden pasar de discusiones online a peleas más serias. Los fans discuten sobre los premios musicales, o se enfadan cuando creen que otros fans insultan a su grupo favorito, o se pelean sobre qué grupo tiene más éxito. Un ejemplo notable ocurrió en 2008, cuando los fans de TVXQ se enfadaron tanto con los de Super Junior que crearon una gran petición exigiendo que se eliminara a Super Junior de un importante programa musical de fin de año.

Estos aspectos negativos del fandom no sólo empañan la imagen de los fans del K-pop, sino que también crean un ambiente tóxico que resta importancia a la música y al arte que constituyen el núcleo del K-pop. Abordar estas cuestiones es crucial para fomentar una cultura de fans más sana y solidaria en el futuro.

Dato curioso: Algunos sasaengs trabajan como "fans de azafatas de vuelo", reservando los mismos vuelos que sus idols para estar cerca de ellos durante el viaje.

EL FUTURO DEL FANDOM DEL K-POP: ¿QUÉ VIENE A CONTINUACIÓN?

El fandom del K-pop se destaca globalmente por su combinación única de coordinación digital, comunidades estructuradas y actividades de apoyo organizadas. Aunque otros grupos de fans comparten algunas de estas prácticas, los fans del K-pop las llevan a otro nivel, desde sus campañas de streaming y votación altamente organizadas hasta sus proyectos benéficos coordinados y tradiciones especiales como las barritas de luz o *lightstick* específicos del grupo. El resultado es algo realmente distintivo: una comunidad global muy unida que funciona como una máquina bien aceitada, creando un modelo de fandom que se ha convertido en influyente en todo el mundo.

Continúan avanzando

A medida que el K-pop sigue evolucionando, también lo hará su fandom. Las nuevas tecnologías están abriendo posibilidades apasionantes. Pronto, los fans podrán utilizar la **realidad virtual (RV)** y **la realidad aumentada (RA)** para sentirse como si estuvieran allí mismo con sus cantantes favoritos o asistir a eventos virtuales especiales desde casa. Además, algunas empresas están explorando **la tecnología blockchain** y **las NFT**, lo que podría permitir a los fans poseer activos digitales únicos relacionados con sus idols favoritos, aunque a algunos les preocupa que estas tecnologías puedan dañar el medio ambiente.

Hablando de medio ambiente, cada vez hay más aficionados preocupados por **la sostenibilidad**. Los aficionados exigen cada vez más productos ecológicos y proyectos socialmente responsables, e instan a las empresas a adoptar prácticas sostenibles que podrían reducir significativamente la huella medioambiental de la industria.

A medida que el K-pop se hace popular en más lugares del mundo, vemos cómo los fans de distintos países crean sus propias formas de mostrar su apoyo. Cada cultura aporta su toque especial al hecho de ser fan del K-pop, lo que hace que la comunidad global del K-pop sea aún más interesante y diversa.

Curiosamente, las habilidades desarrolladas a través de las actividades del fandom están ganando reconocimiento profesional. La
gestión de las redes sociales, la organización de eventos y las habilidades de marketing digital perfeccionadas a través de los
proyectos de los fans están adquiriendo valor en diversos sectores.
Algunos fans dedicados incluso han convertido esta experiencia
en una carrera profesional, asesorando a las empresas sobre estrategias de participación de los fans y llevando sus conocimientos
de la comunidad de fans a entornos profesionales.

El fandom del K-pop es un fenómeno polifacético que va mucho
más allá de la apreciación musical. Es una fuerza dinámica que da
forma a la industria, influye en la cultura popular global y crea
conexiones duraderas entre artistas y fans. Desde sus humildes
comienzos en la década de 1990 hasta su estatus actual como una
pieza imprescindible en la industria, el fandom del K-pop ha
evolucionado continuamente, adaptándose a las nuevas tecnologías y ampliando su alcance.

MIENTRAS EL K-POP SIGUE CRECIENDO, una cosa es segura: los fans
entregados que vuelcan su creatividad y pasión en apoyar a sus
artistas favoritos seguirán siendo la razón por la que el K-pop
tiene tanto éxito en todo el mundo.

CAPÍTULO 9
LOS SEMIDIOSES DIGITALES DEL K-POP

NACIDOS GLOBALES - LA CUARTA GENERACIÓN: 2018-2022

HACIA 2018, el K-pop se encontraba en otro punto de inflexión. Empezaron a aparecer nuevos grupos, lo que los fans y los observadores de la industria llaman ahora la "Cuarta Generación". Estos recién llegados entraron en un mundo muy diferente al de los grupos que les precedieron: el K-pop ya se había convertido en algo enorme en todo el mundo.

A diferencia de los anteriores, muchos de estos nuevos grupos vinieron equipados con elementos globales desde un principio. Debutaron con contenidos en inglés, formaciones multinacionales y estrategias en las redes sociales diseñadas para conectar con los fans de Corea y de todo el mundo, desde su inicio.

CARACTERÍSTICAS DEFINITORIAS E INNOVACIONES DE LA INDUSTRIA

El nuevo mundo digital del K-pop: Cuando comenzaron a aparecer las estrellas de K-pop de cuarta generación, ingresaron a un paisaje que se había convertido en un terreno de juego digital donde los smartphones, las redes sociales y las plataformas de streaming eran cruciales para el éxito. Pare el año 2018, los smartphones conectaban a casi 3.000 millones de personas en todo el mundo, y plataformas como **Instagram**, **Twitter** y **TikTok** se habían transformado en escenarios virtuales donde los fans y las estrellas podían interactuar. Los servicios de streaming de música como Spotify, que tenía 207 millones de usuarios activos mensuales a principios de 2019, cambiaron por completo la forma en que la gente descubría y escuchaba música. YouTube también se había vuelto esencial para la música y los videos, fusionando las experiencias online y offline de los fans en una sola.

En este mundo superconectado, estas nuevas estrellas del K-pop emergieron como algo más que simples artistas: se convirtieron en polifacéticos digitales. Asumieron funciones que iban más allá del entretenimiento, convirtiéndose en creadores de contenidos, representantes de marcas y comunicadores. Su comodidad con la tecnología y su capacidad para hablar varios idiomas les permitió conectar con fans de todo el mundo en tiempo real.

Nacidos en la era digital: A diferencia de las generaciones anteriores, estas nuevas estrellas del K-pop son auténticos nativos digitales que crecieron con Internet y las redes sociales como partes constantes de sus vidas. Nacidos a finales de los 90 y principios de los 2000, no sólo saben utilizar las herramientas digitales, sino que estas forman parte de quiénes son y de cómo se expresan. Esta generación entreteje de forma natural la narrativa digital en su imagen pública, lo que les hace parecer más auténticos y accesibles a los fans.

Esto hizo que la formación del K-pop evolucionara, preparando a las estrellas no sólo para actuar, sino para prosperar en el mundo digital. Las empresas de entretenimiento pusieron más énfasis en la educación lingüística y la formación en sensibilidad cultural para sus artistas, pero también ampliaron la formación tradicional para incluir:

- **Habilidades de producción y composición**, para que pudieran ayudar a crear su propia música
- **Gestión de redes sociales**, enseñándoles a manejar su propia presencia online
- **Creación de contenidos**, preparándoles para el éxito en YouTube y TikTok

Este enfoque en las habilidades digitales creó un nuevo tipo de estrellas del K-pop, listas para actuar, crear y conectarse globalmente desde el primer día.

Empezando con una audiencia mundial: Estas nuevas estrellas del K-pop lanzaron sus carreras en una industria ya globalizada, gracias al éxito de artistas como PSY, BTS y BLACKPINK, que les precedieron. Desde el principio, se esperaba que atrajeran a fans internacionales, lo que influyó en todo, desde sus planes de debut hasta su estilo musical, e incluso en cómo se formaron los grupos, que cada vez incluyen más a menudo a miembros de distintos países. Muchos grupos lanzan ahora canciones en varios idiomas desde el principio, lo que demuestra que el K-pop se ha hecho verdaderamente internacional.

Aunque todavía es raro que los grupos debuten en distintos países al mismo tiempo, las empresas utilizan las redes sociales y las plataformas de streaming para llegar a los fans de todas partes a la vez, y a menudo lanzan sus productos pensando en los fans internacionales. Este **enfoque global** es muy diferente del de las generaciones pasadas, en las que convertirse en estrellas internacionales era un proceso gradual. En cambio, se espera que las nuevas estrellas del K-pop de hoy causen impacto en todo el mundo inmediatamente, enfrentándose tanto a las oportunidades como a los desafíos de la visibilidad global instantánea.

Esto marca un nuevo capítulo en el K-pop, en el que ser experto en tecnología y tener una mentalidad global no sólo es útil, sino *esencial* para el éxito, ya que estas nuevas estrellas van más allá de lo que hubo antes y ayudan a convertir el K-pop en un auténtico fenómeno mundial.

IDOLS NOTABLES DE CUARTA GENERACIÓN Y SU IMPACTO

<u>Stray Kids (2018-Presente, JYP Ent.)</u>: Stray Kids surgió rápidamente como grupo líder de K-pop de cuarta generación, conocido por su música intensa y autogestionada que mezcla hip-hop, rock y elementos electrónicos. Su victoria en *Kingdom: Legendary* War (2021) de Mnet y sus logros *en los Billboard* con *ODDINARY* y

MAXIDENT en 2022 les convirtieron en potencias de la industria. Su unidad de producción/rap, 3RACHA, es clave para su éxito, atrayendo constantemente a los fans con contenido entre comebacks.

Dato curioso: *JYP Entertainment permitió al líder de Stray Kids, Bang Chan, elegir él mismo a sus siete (originalmente ocho) compañeros, aunque el grupo se formó oficialmente a través del programa de supervivencia* Stray Kids.

(G)I-DLE (2018-Presente, Cube Ent.): Conocido por su música autogestionada y sus potentes conceptos, (G)I-DLE se convirtió rápidamente en un destacado grupo de chicas. Liderado por Soyeon, el grupo fue aclamado por éxitos como "LATATA" y "TOMBOY". Su música incorpora a menudo elementos culturales, que reflejan la diversidad de orígenes de sus miembros: China, Taiwán y Tailandia.

ATEEZ (2018-Presente, KQ Ent.): Con sus intensas actuaciones y su concepto inspirado en los piratas, ATEEZ se ha hecho un hueco único en el K-pop. A pesar de pertenecer a una agencia más pequeña, se han creado un enorme fandom internacional a través del boca a boca y las redes sociales, con series basadas en historias como *TREASURE* y *FEVER*, que muestran su profundidad musical y narrativa.

LOONA (2018-Presente, Blockberry Creative): El innovador proyecto previo al debut de LOONA presentó a cada miembro individualmente, ayudando a construir una base de fans internacional. Su historia "LOONAVERSE" es un concepto complejo que ha cautivado a fans de todo el mundo.

WOODZ (Cho Seungyoun) (solista, 2018-Presente, Yuehua Ent.): Anteriormente de UNIQ y X1, WOODZ se ha establecido como solista versátil, componiendo y produciendo su propia música. Su mini-álbum *EQUAL* (2020) muestra su estilo de mezcla de géneros, convirtiéndole en un favorito entre los fans que aprecian su diversidad musical.

Hwasa (solista, 2019-Presente, RBW Ent./P Nation): Hwasa, de MAMAMOO, hizo un poderoso debut como solista con "Twit" (2019) y "Maria" (2020), ganando popularidad con su estilo único y su presencia escénica. Conocida por desafiar los cánones de belleza, se ha convertido en una figura influyente del K-pop. Dejó RBW y firmó con P Nation -la agencia que fundó PSY- en 2023.

EVERGLOW (2019-Presente, Yuehua Ent.): Con su concepto de "girl crush" y sus potentes actuaciones, EVERGLOW ha atraído a un importante número de seguidores internacionales. Su canción "DUN DUN" se hizo viral en TikTok, aumentando su popularidad mundial.

ITZY (2019-Presente, JYP Ent.): ITZY irrumpió en escena con su debut "DALLA DALLA", que batió récords, conocida también por su concepto de "girl crush" y sus mensajes de confianza en uno mismo. Con éxitos como "ICY" y "WANNABE", ITZY ha redefinido la representación femenina en el K-pop y se han asegurado numerosos premios como nuevas artistas (rookie awards).

TXT (TOMORROW X TOGETHER) (2019-Presente, Big Hit Ent.): A menudo apodados los "hermanos pequeños" de BTS debido a su sello compartido, TXT ha cautivado al público con un concepto "juvenil", mezclando géneros para explorar temas relacionados con el crecimiento en álbumes como *The Dream Chapter* y *The Chaos Chapter*. Conocidos por su fuerte enfoque conceptual, TXT ganaron rápidamente varios premios como nuevos artistas.

ONEUS (2019-Presente, RBW Ent.): Conocidos por sus actuaciones teatrales y sus conceptos diversos, ONEUS se ha ganado la atención a través de sus videos musicales y sus actuaciones en directo, mostrando un enfoque narrativo único que los distingue dentro de la cuarta generación.

DKZ (antes DONGKIZ) (2019-Presente, Dongyo Ent.): DKZ ganó una nueva popularidad gracias al papel de su miembro Jaechan en *Semantic Error*. Con canciones como "Crazy Night", se están estableciendo como un versátil grupo de chicos de cuarta generación.

SOMI (en solitario, 2019-Presente, The Black Label): La antigua miembro de I.O.I. Somi debutó en solitario con "Birthday". Su canción "DUMB DUMB" (2021) destacó una imagen madura y logró un gran éxito comercial.

Kang Daniel (solista, 2019-Presente, Konnect Ent.): Como ex-centro de Wanna One, Kang Daniel hizo la transición sin problemas a una carrera como solista. Su EP de debut, *Color on Me,* batió récords de ventas de álbumes en solitario, consolidando su posición en la industria.

aespa (2020-Presente, SM Ent.): Pionera en un concepto futurista con integración de IA, aespa mezcla miembros reales con avatares virtuales. Éxitos como "Black Mamba" y "Next Level" muestran su sonido único y su enfoque basado en historias. Su actuación en Coachella como rookies subraya su rápido ascenso en la industria.

ENHYPEN (2020-Presente, Belift Lab): Formados a través del programa de supervivencia *I-LAND*, ENHYPEN cautivaron a los fans con sus conceptos oscuros y narrativos como *BORDER* y *DIMENSION*. Conocidos por su coreografía sincronizada y su mezcla de géneros, han logrado un éxito significativo en las listas de éxitos mundiales.

P1Harmony (2020-Presente, FNC Ent.): Debutando con un largo-metraje, P1Harmony exhibe una gran habilidad para el rap y letras con conciencia social, llamando la atención con canciones como "Siren" y "Do It Like This". Su enfoque narrativo a través de múltiples plataformas mediáticas les distingue.

STAYC (2020-Presente, High Up Ent.): Conocidas por su sonido de inspiración retro y sus canciones pegadizas, STAYC se ha convertido rápidamente en un grupo de chicas líder de la cuarta generación, creando una base de fans leales con éxitos como "ASAP" y "STEREOTYPE".

TREASURE (2020-Presente, YG Ent.): Debutando con "Boy" (2020), TREASURE se ganó rápidamente una base de fans interna-cional. Conocidos por sus dinámicas coreografías y su música de producción propia, éxitos como "JIKJIN" (2022) consolidaron su estatus de líderes de la cuarta generación.

CRAVITY (2020-Presente, Starship Ent.): CRAVITY debutó con "Break All the Rules" (2020), mostrando unas actuaciones impecables y un éxito constante en las listas. Su sonido diverso y su rápido crecimiento les han convertido en un destacado grupo de cuarta generación.

KINGDOM (2021-Presente, GF Ent.): Los conceptos únicos de KINGDOM, inspirados en la historia y la fantasía, a partir de "Excalibur" (2021), les distinguen. Cada miembro representa a un rey diferente, mezclando narrativa y música para cautivar a los fans.

IVE (2021-Presente, Starship Ent.): IVE causó un impacto inmediato con "ELEVEN", alcanzando altos puestos en las listas musicales coreanas. Conocidas por su imagen sofisticada y sus pulidas actuaciones, alcanzaron rápidamente la fama dentro de la escena de cuarta generación.

PURPLE KISS (2021-Presente, RBW Ent.): Con voces potentes y música de producción propia, PURPLE KISS se ha convertido en un grupo a tener en cuenta. Algunos miembros contribuyen a escribir y componer, sumando a su identidad única en el K-pop.

Xdinary Heroes (2021-Presente, JYP Ent.): Aportando un estilo de banda de rock a la alineación de JYP, Xdinary Heroes destaca con un sonido fresco inspirado en el rock. Su canción debut, "Happy Death Day", les marcó como una incorporación única a la cuarta generación, resonando entre los fans entre las mejores actuaciones basadas en instrumentos.

TRI.BE (2021-Presente, TR Ent. & Universal Music Group): Con una formación multicultural y un estilo que mezcla géneros, TRI.BE incorpora influencias afrobeat, latinas y hip-hop. Canciones como "DOOM DOOM TA" destacan su sonido experimental y su atractivo internacional.

LE SSERAFIM (2022-Presente, Source Music): Debutando con "FEARLESS", rápidamente se ganaron la atención por sus temas basados en la confianza, sus pulidas actuaciones y su estilo experimental. Éxitos como "ANTIFRAGILE" las han consolidado como un destacado grupo de chicas de cuarta generación.

Dato curioso: El nombre de LE SSERAFIM es un anagrama de "I'm Fearless" (No tengo miedo).

NewJeans (2022-Presente, ADOR): Con un concepto retro-moderno que mezcla la estética de los 90 y del año 2000, NewJeans se ganaron rápidamente la aclamación con éxitos como "Attention" y "Hype Boy". Su estilo único y su innovadora estrategia de debut han marcado nuevas tendencias en el K-pop.

NMIXX (2022-Presente, JYP Ent.): Conocidos por su género "mixx pop", NMIXX debutó con "O.O", que muestra su enfoque experimental de la mezcla de estilos musicales. A pesar de las dispares reacciones iniciales, han llamado la atención por sus potentes voces y sus intrincadas coreografías.

EL IMPACTO GLOBAL DEL K-POP DE CUARTA GENERACIÓN

El K-pop ha entrado en una nueva fase de conexión e influencia mundial con el ascenso de los idols de cuarta generación. Este periodo ha convertido al K-pop en una parte clave de la ola cultural coreana (conocida como **Hallyu 3.0**), que trabaja junto con los programas de televisión y las películas coreanas para difundir la cultura coreana al público global. Como resultado, Corea del Sur se ha convertido en un destino de visita obligada para los fans de todo el mundo.

La cuarta generación de estrellas del K-pop ha llevado la influencia del género más allá de la música. Se han convertido en verdaderos trendsetters mundiales de la moda y la belleza, llamando la atención de grandes marcas de lujo y creando nuevos cánones de belleza en todo el mundo. Su impacto en el estilo y la belleza sigue impulsando el éxito internacional de los productos cosméticos surcoreanos, y su característico **"look K-pop"** se está popularizando no sólo en Asia, sino también cada vez más en los países occidentales.

El K-pop se ha convertido en una poderosa forma de conectar a la gente con la lengua y la cultura coreanas. Cuando los idols de cuarta generación actúan y comparten su música, inspiran a los fans de todo el mundo a aprender coreano. Esto ha provocado un crecimiento constante de las aplicaciones de pruebas de coreano, lo que demuestra cómo el K-pop ayuda a conectar diferentes culturas a través de la música.

El mundo digital ha abierto posibilidades increíbles. A través de plataformas como YouTube, Twitter y TikTok, los idols de cuarta generación pueden llegar directamente a los fans de todo el mundo, lo que les proporciona una audiencia mayor de la que podría albergar cualquier sala de conciertos. Las nuevas tecnologías también les permiten probar nuevas formas creativas de expresarse, lo que hace que ésta sea una época de cambios rápidos y de superación de límites en el K-pop.

Estas estrellas de cuarta generación son naturalmente hábiles en el uso de las redes sociales para conectar con los fans de todo el mundo, ya que crecieron con la tecnología. Sin embargo, se enfrentan a importantes desafíos: hay una presión constante para hacer debutar nuevos grupos constantemente y lograr un éxito mundial inmediato. Crear contenidos sin fin y mantenerse conectados con los fans puede hacerles difícil separar su vida laboral de la personal, lo que puede afectar su bienestar.

AUNQUE LA HISTORIA de la cuarta generación aún se está escribiendo, ya han construido algo que tendrá efectos duraderos. Esta era ha traído consigo una rápida innovación, intercambio cultural y nuevos horizontes para el K-pop en todo el mundo. A medida que el género sigue creciendo, esta generación ha establecido firmemente al K-pop como algo más que música: ahora es una fuerza que dará forma a la cultura global en los años venideros.

CAPÍTULO 10

LA EXPANSIÓN MUNDIAL DEL K-POP

HISTORIA Y ESTRATEGIAS POR REGIONES

LA EVOLUCIÓN del K-pop de una sensación surcoreana a un fenómeno cultural mundial demuestra su atractivo universal, respaldado por inteligentes estrategias de expansión. Tuvo éxito al comprender a los distintos públicos y adaptarse eficazmente a cada mercado. Este capítulo explora el viaje internacional del K-pop, analizando las regiones clave, sus características culturales distintivas y cómo el K-pop logró penetrar con éxito en estos diversos mercados.

JAPÓN: EL MERCADO VECINO

Japón ocupa un lugar especial en la difusión mundial del K-pop por dos razones principales: 1. Es el vecino capitalista más cercano de Corea del Sur, y 2. Es uno de los principales centros culturales de Asia. Durante muchos años, las compañías de K-pop utilizaron Japón como campo de pruebas para evaluar si sus artistas podían tener éxito más allá de Corea del Sur. La experiencia de promocionar el K-pop en Japón moldeó la forma en que los artistas coreanos se acercarían más tarde a los fans de otros países.

Hitos clave e impacto cultural

En la década de 1990, artistas coreanos como **Seo Taiji and Boys** y **H.O.T.** hicieron sus primeros intentos de entrar en Japón, pero tuvieron un éxito limitado. El punto de inflexión llegó con el debut de **BoA** en 2001. Su fluido japonés y su álbum *Listen to My Heart* (2002) resonaron entre el público japonés, convirtiéndola en un nombre familiar y sentando las bases para otros artistas coreanos.

En la década del 2000, el entretenimiento coreano cobró un verdadero impulso en Japón. Los populares programas de televisión coreanos, especialmente *Sonata de invierno* (2002), despertaron el interés de los japoneses por la cultura coreana en general, entre la generación libre de agravios históricos y prejuicios contra Corea. Esta creciente fascinación ayudó a impulsar tanto la asistencia a conciertos de K-pop como las ventas de música. **TVXQ** (conocido como *Tohoshinki* en Japón) se convirtió en uno de los grupos extranjeros de mayor éxito en Japón, lo que condujo a su histórico concierto en el Tokyo Dome en 2009.

La década de 2010 marcó la irrupción del K-pop en la escena musical dominante de Japón. Grupos de segunda generación como **Girls' Generation** y **Kara** dominaron las listas de éxitos, y el baile "Mister" de Kara se convirtió en un fenómeno cultural. Las giras por estadios de **BigBang** atrajeron a un público masivo, consolidando su lugar como uno de los grupos extranjeros favoritos de Japón. Incluso frente a la competencia de grupos japoneses populares como AKB48, el K-pop mantuvo su atractivo mediante actuaciones superiores y coreografías sincronizadas.

A finales de la década de 2010, **BTS** elevó la presencia del K-pop en Japón a niveles sin precedentes. Sus álbumes *Face Yourself* (2018) y *Map of the Soul: 7 - The Journey* (2020) encabezaron **las listas Oricon**. El auge de las plataformas de streaming ayudó a difundir aún más el K-pop, como demuestra el hecho de que "Lights/Boy With Luv" de BTS alcanzara el n° 1 en la *lista de singles de Oricon*.

La colaboración intercultural se ha convertido en la clave del éxito, como demuestra **TWICE**, cuyos tres miembros japoneses les ayudan a conectar con el público local a través de éxitos bilingües como "One More Time" (2017) y "Breakthrough" (2019). En 2024, **Stray Kids** emergió como una fuerza líder en la escena del K-pop japonés, atrayendo a más de 160.000 fans a su meet-and-greet *de SKZ Toy World*. Grandes eventos como **el Music Bank Global Festival** y **los Asia Star Entertainer Awards (ASEA)** celebrados en Japón siguen presentando a grupos populares como **TXT, Stray Kids** y **NewJeans**, lo que demuestra el duradero entusiasmo del país por el K-pop.

Tendencias notables y adaptaciones locales

Los grupos de K-pop hacen esfuerzos especiales para llegar al público japonés. Lanzan canciones y álbumes en japonés y dedican tiempo a entablar relaciones con los fans locales mediante encuentros especiales y clubes exclusivos de fans japoneses. La coreografía pulida y sincronizada y el estilo de producción del K-pop siguen diferenciándolo de los idols pop japoneses, creando un fuerte nicho en Japón.

La mejor prueba del éxito del K-pop en Japón es su inclusión en *el Kōhaku Uta-Gassen (Concurso de Canto Rojo vs. Blanco)*, el programa musical de Nochevieja más importante de Japón. Este programa presenta tradicionalmente a las mayores estrellas de la música japonesa de todas las generaciones, por lo que tener a siete grupos de K-pop representados entre sus 44 artistas en 2023 demuestra hasta qué punto el público japonés ha abrazado el K-pop. Ya no es sólo una moda extranjera: hoy en día, el K-pop es innegablemente la corriente dominante en Japón.

Luego está el fenómeno del "**K-pop japonés**": Grupos de K-pop con sede en Japón, como **NiziU** y **JO1**, conformados por artistsas japoneses, formados por empresas de entretenimiento coreanas como JYP Entertainment y CJ ENM (en asociación con *Produce 101 Japan*), y entrenados según el "sistema K-pop". Estos grupos utilizan los minuciosos métodos de entrenamiento y las normas de actuación del K-pop, pero se centran en el mercado japonés. Este **modelo de "K-pop localizado"** combina el estilo pulido del K-pop con elementos culturales japoneses, ayudando a las empresas coreanas a aumentar su alcance al tiempo que ofrecen al público japonés su propia versión del K-pop.

Desafíos y estrategias

De vez en cuando, **las tensiones políticas o históricas** entre Corea del Sur y Japón han creado obstáculos para el K-pop. Pero las empresas de entretenimiento han afrontado estas situaciones con inteligencia, centrándose en conectar directamente con los fans japoneses mediante lanzamientos bilingües, clubes de fans especiales y apariciones en la televisión y los medios de comunicación japoneses.

Resumen de acontecimientos e hitos clave:

- **2002** - *Listen to My Heart* de BoA - Primer álbum coreano en el primer puesto de *Oricon*
- **2005** - TVXQ debutó con su single japonés *Stay with Me Tonight*
- **2009** - Concierto de TVXQ en el Tokyo Dome - Primer grupo coreano que actúa en este emblemático recinto
- **2011** - El álbum debut japonés de Girls' Generation alcanzó el primer puesto en las listas *Oricon* y fue doble disco de platino.
- **Finales de 2010-Actualidad** - BTS alcanzó un éxito sin precedentes con sus álbumes japoneses *Face Yourself* y *Map of the Soul: 7 - The Journey*.
- **2020** - JO1 y NiziU, dos de los primeros grupos japoneses de K-pop, debutan
- **2024** - Eventos de Stray Kids en el Kyocera Dome con más de 160.000 asistentes

CHINA, HONG KONG Y TAIWÁN: AL OTRO LADO DEL MURO

China, Hong Kong y Taiwán han sido mercados importantes pero complicados para el crecimiento internacional del K-pop. Aunque las estrictas normas chinas sobre espectáculos han dificultado que los artistas coreanos actúen allí, los grupos de K-pop siguen llegando a los fans chinos a través de las redes sociales y las plataformas en línea. Mientras tanto, Hong Kong y Taiwán se han convertido en mercados clave donde el K-pop prospera abiertamente, ayudando a los grupos a establecer relaciones sólidas con los seguidores de habla china y proporcionando vías para llegar a un público chino más amplio.

Hitos clave e impacto cultural

La ola cultural coreana llegó por primera vez a las regiones de habla china a través de populares programas de televisión como *Sonata de invierno*. Esto despertó el interés por el K-pop, sobre todo en Taiwán y Hong Kong. Las primeras estrellas como **BoA** y **TVXQ** tuvieron éxito allí, TVXQ apareció en las listas musicales de Taiwán y BoA lanzó canciones en chino para conectar con los fans locales.

Se produjo un cambio importante cuando **Super Junior** creó **Super Junior-M**, una subunidad que actuaba en mandarín. Su exitosa canción "Super Girl" demostró el éxito que podía tener el K-pop en China, Taiwán y Hong Kong. Taiwán adquirió especial importancia, acogiendo muchos conciertos de K-pop y utilizando sus listas musicales para medir el éxito de los artistas coreanos.

EXO llevó aún más lejos la popularidad del K-pop creando dos versiones de su grupo: una para Corea y otra para los fans de habla mandarín (**EXO-M**). Sus canciones "Overdose" y "Growl" se convirtieron en grandes éxitos en plataformas musicales chinas como **YinYueTai**. **Lay**, miembro de EXO, tuvo especial éxito en China, publicando álbumes populares en chino como *Lose Control* (2016) y *NAMANANA* (2018), que ayudaron a conectar el K-pop con la cultura pop china.

A finales de la década de 2010, los problemas políticos entre Corea del Sur y China condujeron a una "**prohibición coreana**" no oficial después de que Corea del Sur instalara el sistema de misiles THAAD. Esto limitó gravemente los conciertos de K-pop, las apariciones en televisión y el contenido de streaming en China. Sin embargo, los fans encontraron formas de mantenerse conectados a través de las redes sociales chinas y plataformas musicales como **Weibo**, **QQ Music** y **Douyin**. Grupos como **NCT** (con miembros chinos) y **BLACKPINK** han mantenido su popularidad gracias a su fuerte presencia en las redes sociales, incluso con estas restricciones.

Tendencias notables y adaptaciones locales

Las compañías de K-pop utilizan varios enfoques inteligentes para llegar a los fans de las regiones de habla china. Crean canciones en mandarín, incluyen artistas chinos en sus grupos y se mantienen activos en las redes sociales chinas. Por ejemplo, el miembro chino de **EXO, Lay**, ayudó al grupo a conectar con los fans locales, mientras que grupos más nuevos como **aespa** y **Stray Kids** comparten contenidos especiales en plataformas de redes sociales chinas. Esto les ayuda a mantener a los fans entusiasmados y comprometidos, incluso cuando se enfrentan a restricciones en las actuaciones en vivo.

Desafíos y estrategias

Desde subidas vertiginosas hasta bloqueos repentinos, la trayectoria del K-pop en China parece el giro argumental de un K-drama. Cuando la controversia sobre el THAAD de 2016 cerró la puerta a las promociones tradicionales, el K-pop no se detuvo ni un segundo: simplemente se digitalizó. En lugar de saludar a los fans desde los escenarios de los estadios, los grupos de idols se encontraron saludando a través de las pantallas, dominando el arte de conectar con millones de personas mediante publicaciones en Weibo y retransmisiones en directo de QQ Music, pasando a los encuentros digitales con los fans y a los conciertos, y manteniendo a los fans conectados a pesar de las limitaciones normativas.

Mientras China continental presentaba sus desafíos, el K-pop encontró su ritmo en las bulliciosas calles de Hong Kong y en las ciudades iluminadas por el neón de Taiwán. La vibrante escena musical de Hong Kong sigue acogiendo a las estrellas del K-pop con los brazos abiertos: puedes ver a **BIGBANG** deslumbrando en el escenario una semana y a **GOT7** subiendo la temperatura la siguiente. Mientras tanto, Taiwán se ha convertido en la pareja de baile constante del K-pop, con fans apasionados que crean atmósferas electrizantes en los conciertos **de BTS** y **TWICE** que rivalizan con la energía de Seúl. Es un testimonio del superpoder del K-pop: la capacidad de adaptarse, evolucionar y mantener la música sonando, independientemente de las tormentas políticas que se avecinen.

<u>Resumen de acontecimientos e hitos clave:</u>

- **2008** - Super Junior-M debuta con su álbum en mandarín *Me*, seguido del lanzamiento en 2009 de "Super Girl".
- **2012** - EXO debuta con un concepto de doble unidad, dividiéndose en EXO-K para Corea y EXO-M para los mercados de habla mandarín. Las canciones de EXO-M como "Growl" y "Overdose" se convierten rápidamente en éxitos en China.
- **2015-2018** - Lay, miembro chino de EXO, lanza una exitosa carrera como solista en China, publicando álbumes en mandarín como *Lose Control* (2016) y *NAMANANA* (2018), que encabezan las listas locales.
- **2016** - La "Prohibición Coreana" restringe extraoficialmente los conciertos de K-pop, las apariciones en televisión y los contenidos de streaming en China, lo que afecta a las vías de promoción tradicionales del K-pop.
- **2018-2019** - BLACKPINK se convierte en uno de los principales grupos de K-pop en China, alcanzando altos récords de streaming en QQ Music y Weibo, a pesar del acceso restringido al contenido coreano.
- **Década de 2020** - Los grupos de K-pop más recientes, como aespa y Stray Kids, mantienen un fuerte compromiso con los fans en China mediante reuniones de fans en línea y conciertos organizados en plataformas como Weibo, Douyin y QQ Music, adaptándose a la presencia exclusivamente digital que exigen las continuas restricciones normativas.

EL RESTO DE ASIA: EL SUDESTE ASIÁTICO Y MÁS ALLÁ

El Sudeste Asiático es como el segundo hogar del K-pop. Desde las calles de Yakarta hasta los centros comerciales de Manila, la música pop coreana ha cautivado los corazones de Indonesia, Malasia, Singapur, Tailandia, Vietnam y Filipinas. Estos países se han convertido en algunos de los mayores animadores del K-pop fuera de Corea.

Hitos clave e impacto cultural

Todo comenzó a principios de la década de 2000, cuando las series coreanas llegaron a las pantallas locales. Cuando los espectadores se enamoraron de las series coreanas, también sintieron curiosidad por la música coreana. Los primeros grupos de K-pop, como **Super Junior**, **TVXQ** y **BigBang**, encontraron aquí sus primeros fans internacionales, sobre todo en Tailandia, Malasia y Filipinas.

A lo largo de la década de 2010, los conciertos de K-pop en el Sudeste Asiático se hicieron más habituales, con grupos como **EXO**, **BTS** y **TWICE** actuando regularmente en ciudades como Yakarta, Bangkok y Manila. Pero no se trataba sólo de espectáculos en directo: ahora los fans podían seguir a sus estrellas favoritas 24 horas al día, 7 días a la semana, a través de YouTube y Spotify, creando una conexión aún más fuerte con la cultura K-pop.

En 2023, el impacto del K-pop en el sudeste asiático se puso de manifiesto en acontecimientos significativos como los **Asia Artist Awards** celebrados en Filipinas, en los que participaron grupos de primera línea como **Stray Kids**, **ITZY** y **NewJeans**. Las giras regionales de grupos como Stray Kids e ITZY también batieron récords de asistencia en las principales ciudades, demostrando que la gente seguía deseando actuaciones en vivo en el mundo pospandémico.

Tendencias notables y adaptaciones locales

Cuando las estrellas del K-pop se suben a los escenarios del sudeste asiático, traen algo más que música: traen un auténtico deseo de conectar. Desde dominar los saludos locales hasta entretejer referencias regionales en sus espectáculos, estos detalles transforman los estadios en espacios íntimos donde los fans se sienten realmente vistos y apreciados. Es especialmente mágico cuando artistas como **Lisa**, de BLACKPINK, alternan entre coreano y tailandés, o cuando los grupos personalizan sus actuaciones para el público indonesio o filipino, creando momentos que celebran la cultura local.

Hoy en día, el K-pop es un fenómeno cultural floreciente en el Sudeste Asiático, con actividades dedicadas a los fans, como **cafés de cumpleaños** y otros eventos organizados por ellos, que ilustran el alto nivel de compromiso en la región. A medida que evoluciona el K-pop, el Sudeste Asiático sigue siendo un mercado indispensable, que combina el compromiso online con una fuerte demanda de actuaciones en vivo.

India: La nueva frontera

Aunque el K-pop conquistó primero los corazones de Tailandia e Indonesia, India se está convirtiendo rápidamente en su nueva historia de éxito. Gracias a las redes sociales, grupos como **BTS** y **BLACKPINK** han atraído a millones de seguidores indios que retransmiten sus videos musicales y organizan encuentros de fans. Aunque India aún no ha acogido muchos conciertos en directo (la actuación virtual de **NCT** 127 en *All About Music* 2020 es una notable excepción), la apasionada base de fans demuestra el gran potencial que tiene este mercado para el futuro del K-pop.

Desafíos y estrategias

Las empresas de K-pop están adaptando sus estrategias para hacer frente a desafíos clave en toda Asia: cuando los espacios para presentaciones en vivo son limitados, se orientan hacia conciertos virtuales y los encuentros en línea; cuando existen barreras lingüísticas, los artistas aprenden los saludos locales y el contenido se subtitula; en los mercados con acceso físico restringido, se centran en el compromiso digital a través de las redes sociales y las plataformas de streaming; y en mercados emergentes como la India, se asocian con marcas y artistas locales mientras construyen sólidas comunidades en línea.

Resumen de acontecimientos e hitos clave:

- **Principios de la década del 2000** - Los dramas coreanos, como *Sonata de Invierno*, despiertan un gran interés por la cultura coreana en todo el Sudeste Asiático.
- **2008** - Super Junior se convierte en uno de los primeros grupos de K-pop en conseguir un gran número de seguidores en el Sudeste Asiático.
- **Década de 2010** - Las giras regulares de K-pop de EXO, BTS y TWICE establecen fuertes bases de fans en el Sudeste Asiático.
- **2020** - El concierto virtual de NCT 127 en la India marca uno de los primeros compromisos formales del K-pop con los fans indios.
- **2023** - Los Asia Artist Awards celebrados en Filipinas cuentan con la participación de Stray Kids, ITZY y NewJeans.
- **2023** - Los conciertos de Stray Kids en Manila, Yakarta y Bangkok, que baten récords, refuerzan el estatus de la región como mercado vital para el K-pop.

ESTADOS UNIDOS Y CANADÁ: LA ENTRADA EN EL MERCADO OCCIDENTAL

Los intentos del K-pop por ganarse al público norteamericano han sido una ardua batalla. Cuando los artistas coreanos intentaron introducirse por primera vez en los mercados estadounidense y canadiense, se enfrentaron a duros desafíos, desde las barreras lingüísticas hasta las diferentes prácticas de la industria musical. Pero al final la paciencia y la perseverancia dieron sus frutos: ahora las estrellas del K-pop encabezan grandes festivales, llenan estadios y aparecen regularmente en programas de televisión de gran audiencia como Jimmy Fallon y Good Morning America. Lo que antes se consideraba un nicho de la música pop asiática se ha establecido como una fuerza importante en el entretenimiento general norteamericano.

Hitos clave e impacto cultural

El viaje del K-pop a Norteamérica comenzó con pioneras **como las Wonder Girls**, que en 2009 telonearon a los Jonas Brothers en su gira por los EE.UU. y entraron en la lista *Billboard Hot 100* con "Nobody". Ese mismo año, **BoA** intentó repetir su éxito asiático con un álbum en inglés, aunque estos primeros esfuerzos tuvieron un impacto comercial limitado. Sin embargo, estas experiencias sentaron las bases para futuras actuaciones de K-pop, que adaptaron sus estrategias para conectar mejor con el público occidental.

En 2012, el K-pop logró un avance masivo con el éxito viral de **PSY** "Gangnam Style", que se convirtió en el primer video de YouTube en alcanzar los mil millones de visitas y alcanzó el n° 2 en el *Billboard Hot 100*. Esta sensación viral introdujo el K-pop en un público verdaderamente global y abrió de par en par las puertas al género, especialmente en los mercados occidentales.

La década de 2010 fue testigo de la irrupción del K-pop en el mainstream, liderado por grupos como **BTS**. Su histórica actuación de 2017 en los **American Music Awards** y sus apariciones en los principales programas de entrevistas de EE.UU. marcaron un punto de inflexión en la aceptación del K-pop en la cultura pop estadounidense. El éxito continuado de BTS, con hits en las listas como "Dynamite", consolidó el lugar del K-pop en Estados Unidos y Canadá. **BLACKPINK** siguió su ejemplo y causó sensación con su enérgica actuación en Coachella en 2019, que supuso la primera aparición de un grupo de chicas de K-pop en este emblemático festival.

En 2023, los Billboard Music Awards -uno de los tres premios musicales más prestigiosos de Estados Unidos, junto con los Grammy y los American Music Awards- establecieron cuatro nuevas **categorías de premios específicas de K-pop**: Mejor Artista Global de K-pop, Mejor Álbum de K-pop, Mejor Canción Global de K-pop y Mejor Artista de Gira de K-pop. Este monumental paso de Billboard no fue tomado a la ligera: señala la llegada del K-pop a la corriente dominante en los Estados Unidos, siguiendo

el camino abierto por el rap y la música latina en décadas
anteriores.

Coachella y Lollapalooza: Momentos decisivos en Norteamérica

La popularidad del K-pop en Norteamérica se cimentó aún más
con sus apariciones en influyentes festivales de música como
Coachella y Lollapalooza, que atraen a públicos de todo el mundo
y presentan talentos de primer nivel de una amplia variedad de
géneros.

- **Coachella**, que se celebra anualmente en el valle
  californiano de Indio, es uno de los mayores y más
  prestigiosos festivales de música de Estados Unidos,
  atrayendo a más de 250.000 asistentes. La innovadora
  actuación de **BLACKPINK** en 2019 en Coachella introdujo
  el K-pop a un público diverso de entusiastas de la música,
  obteniendo críticas muy favorables y una importante
  cobertura mediática que ayudó a ampliar su base de fans.
  En 2023, **NewJeans** se unió a la cartelera, estableciendo
  aún más el lugar del género en el festival y conectando el
  K-pop con un público más amplio y conocedor de las
  tendencias.
- **Lollapalooza**, un festival anual de cuatro días que se
  celebra en Chicago, atrae a cientos de miles de fans y es
  famoso por presentar actuaciones influyentes de rock, hip-
  hop, electrónica y géneros alternativos. **TXT** hizo historia
  como el primer grupo de K-pop en encabezar
  Lollapalooza en 2023, mientras que **NewJeans** también
  debutó en el festival estadounidense con una buena
  acogida. En 2024, **Stray Kids** encabezó el festival,
  subrayando la creciente demanda de K-pop en el circuito
  de festivales mainstream.

Estas apariciones en Lollapalooza y Coachella han permitido a los
artistas de K-pop llegar más allá de las bases de seguidores tradicionales, presentando el género a asistentes que de otro modo no
podrían haberse interesado por el K-pop.

Tendencias notables y adaptaciones locales

Para llegar al público norteamericano, los grupos de K-pop han producido singles en inglés y han hecho importantes apariciones en los medios de comunicación. Plataformas como YouTube, Spotify y TikTok han facilitado aún más la accesibilidad del K-pop, mientras que las colaboraciones con artistas occidentales - como "My Universe" de **BTS** con Coldplay- han tendido puentes culturales y ampliado el atractivo del K-pop.

Hoy en día, el K-pop es una fuerza consolidada en Norteamérica, con giras por estadios que agotan las entradas, comunidades de fans entregadas y una cobertura regular en los principales medios de comunicación. La demanda de K-pop en los principales festivales y salas de conciertos reafirma su impacto duradero en la cultura musical occidental.

Desafíos y estrategias

El K-pop se enfrentó a duros obstáculos en Norteamérica: desde barreras lingüísticas a emisoras de radio que tardaban en aceptar música no inglesa y una industria musical bien establecida y competitiva. Las empresas de entretenimiento afrontaron estos desafíos de frente, haciendo que sus artistas recibieran clases de inglés y asociándose con artistas y productores occidentales.

Mientras que los primeros grupos intentaron lanzar álbumes en inglés, los grupos actuales de K-pop han encontrado su punto óptimo: mantenerse fieles a su estilo mezclando algunas canciones en inglés. También han dominado las redes sociales, utilizando YouTube y TikTok para conectar directamente con los fans en lugar de depender de los canales de promoción tradicionales, evitando a los intermediarios. El auge de los servicios de streaming también ha ayudado, permitiendo que el K-pop llegue a los oyentes sin depender de la radio ni de los canales de promoción convencionales.

Resumen de acontecimientos e hitos clave:

- **2009** - Las Wonder Girls telonean a los Jonas Brothers.

- **2012** - Girls' Generation interpreta "The Boys" en *The Late Show con David Letterman.*
- **2012** - El video "Gangnam Style" de PSY se convierte en viral, alcanzando mil millones de visitas en YouTube; la canción alcanza el n° 2 en el *Billboard Hot 100.*
- **2014** - KCON LA se convierte en el festival central para los fans del K-pop en Norteamérica.
- **2017** - BTS interpreta "DNA" en los American Music Awards, marcando la gran irrupción del K-pop en la cultura pop estadounidense.
- **2018** - El álbum de BTS *Love Yourself: Tear* debuta en el n° 1 del Billboard 200, convirtiéndose en el primer grupo de K-pop en conseguirlo.
- **2019** - BLACKPINK actúa en Coachella.
- **2019** - BTS se convierte en el primer grupo de K-pop en actuar en *Saturday Night Live*, presentando "Boy With Luv".
- **2020** - El single de BTS "Dynamite" debuta en el n° 1 del *Billboard Hot 100*, otra primicia para el K-pop.
- **2021** - *The Album* de BLACKPINK debuta en el n° 2 del *Billboard 200*, el álbum más vendido por un grupo femenino de K-pop en ese momento.
- **2023** - TXT encabeza el Lollapalooza, en el que también actúa NewJeans, representando a la nueva ola del K-pop en los festivales estadounidenses.
- **2023** - Los Billboard Music Awards establecen cuatro categorías de premios específicas para el K-pop.
- **2024** - Stray Kids encabeza Lollapalooza; también celebran la tradición de las boy bands en la gala del 50 aniversario de los American Music Awards interpretando una mezcla de "Bye Bye Bye" de *NSYNC y su propia "Chk Chk Boom".

REINO UNIDO, EUROPA Y AUSTRALIA: EL CRECIENTE ALCANCE MUNDIAL DEL K-POP

El Reino Unido, Europa y Australia han desempeñado cada uno un papel único en el recorrido internacional del K-pop, y cada región ofrece oportunidades y desafíos para la expansión del género. Estas regiones demuestran cómo el K-pop ha trascendido las barreras lingüísticas y culturales, consolidando su presencia en los mercados occidentales con conciertos a gran escala y fieles seguidores locales.

El Reino Unido: Una puerta de entrada a Europa

El Reino Unido ha sido un punto de entrada clave para el alcance europeo del K-pop, gracias a su consolidada infraestructura de la industria musical y a su activo panorama mediático. La presencia del K-pop en el Reino Unido comenzó a principios de la década de 2000, cuando los fans descubrieron grupos como **SHINee** y **Girls' Generation** a través de comunidades online y foros de fans. La popularidad del K-pop creció con eventos muy publicitados de **BTS** y **BLACKPINK**, con las dos noches con entradas agotadas de BTS en el estadio de Wembley en 2019, un logro monumental que elevó el K-pop de un interés de nicho a un fenómeno dominante en la escena musical británica. Acontecimientos como **el Hallyu-PopFest London** y la aparición de grupos de K-pop en Radio 1 de la BBC demostraron hasta qué punto se había expandido el alcance del K-pop entre diversos grupos demográficos. En 2023, BLACKPINK se convirtió en el primer grupo de K-pop en encabezar **el British Summer Time Festival de Hyde Park**, y **Stray Kids** le siguió en 2024, demostrando hasta qué punto el K-pop se ha convertido en un fenómeno mayoritario para el público británico.

Europa Continental: Ampliando horizontes

El K-pop se ha extendido por toda Europa, adaptándose a la singular escena musical de cada país. Las plataformas de streaming como Spotify y YouTube han permitido que el K-pop florezca en países como Francia, Alemania, España y Holanda, donde las cifras de streaming se han disparado en los últimos años. Las principales ciudades europeas acogen ahora regularmente conciertos de K-pop, y París, Berlín y Milán se han convertido en paradas populares de las giras. Eventos especiales como **la KCON** de París y **el Music Bank** de Berlín combinan actuaciones de K-pop con experiencias culturales coreanas. Recientemente, **SEVENTEEN** hizo historia al encabezar **el Lollapalooza** de **Berlín** en 2024, mostrando cómo el K-pop se ha convertido en un actor importante en el circuito de festivales europeos.

Australia: Donde Oriente se encuentra con Occidente

Australia ocupa un lugar único en la expansión del K-pop como mercado occidental en la región Asia-Pacífico. La base inicial de fans del K-pop en Australia se desarrolló a través de una exposición temprana a los K-dramas y a canales como **SBS PopAsia**, que emitía contenidos musicales coreanos con regularidad. La visibilidad del género se disparó con el "Gangnam Style" de **PSY** en 2012, y en 2017, Australia acogió su primer **KCON** en Sídney. Hoy, ciudades como Sídney y Melbourne acogen grandes conciertos de K-pop y tiendas dedicadas a la venta de artículos de K-pop. Los fans australianos han abrazado la cultura del K-pop, formando grupos de baile y organizando reuniones temáticas de fans, gracias a la diversidad de la población australiana y a su posición entre los mercados asiáticos y occidentales.

Tendencias notables y adaptaciones locales

Los grupos de K-pop conectan con los fans del Reino Unido, Europa y Australia a través de canciones traducidas, apariciones en televisión y colaboraciones con artistas locales. Los servicios de streaming como Spotify y YouTube ayudan a que el K-pop llegue a los fans de todas partes, desde las pequeñas ciudades europeas hasta las zonas más remotas de Australia. Los grandes festivales también han ayudado a extender la popularidad del K-pop: grupos como **Stray Kids** y **SEVENTEEN** actúan en festivales como **Lollapalooza** en París y Berlín, lo que les permite llegar a nuevos públicos. En Australia, los grupos de K-pop agotan regularmente las entradas de los principales recintos de Sídney y Melbourne, lo que demuestra su gran atractivo.

Desafíos y estrategias

El K-pop se enfrenta a desafíos únicos en el Reino Unido, Europa y Australia que difieren de los de Estados Unidos, Japón o China. En Europa, la variedad de lenguas y culturas dificulta la promoción de la música en toda la región, y las fuertes tradiciones musicales locales pueden eclipsar a los géneros extranjeros. La distancia de Australia de los principales mercados y su preferencia por las actuaciones occidentales o locales limita las oportunidades de exposición. A diferencia de Japón o China, donde los lazos culturales y geográficos ayudan a que prospere el K-pop, estas regiones carecen de las mismas conexiones naturales. Además, las escenas musicales indie y alternativa de Europa, junto con los estereotipos creados sobre el K-pop como algo sobreproducido, hacen que sea más difícil ganarse al público mayoritario. Para triunfar, el K-pop debe centrarse en estrategias como crear festivales y canales de comunicación para los fans locales, colaborar con artistas occidentales y adaptar las promociones a la cultura única de cada región.

Resumen de acontecimientos e hitos clave:

Hitos en el Reino Unido

- **2009 -** La presencia del K-pop en el Reino Unido crece a través de los foros de fans y las redes sociales, con SHINee y Girls' Generation ganando popularidad.
- **2012 -** "Gangnam Style" alcanza audiencias mainstream.
- **2018 -** BTS actúa en el O2 Arena de Londres, lo que supone un aumento de la demanda de eventos de K-pop a gran escala en el Reino Unido.
- **2019 -** BTS actúa en el estadio de Wembley, el primer acto de K-pop en hacerlo, atrayendo a 120.000 fans durante dos noches.
- **2022 -** HallyuPopFest Londres reúne a múltiples actos de K-pop, popularizando aún más el género.

- **2023** - BLACKPINK encabeza el BST Hyde Park de Londres; SEVENTEEN actúa en Glastonbury, marcando grandes hitos en los festivales del Reino Unido.
- **2024** - Stray Kids titulares BST Hyde Park.

Hitos en Europa

- **2011** - El K-pop se expande en Europa a través de plataformas online, llegando a nuevos públicos en Francia, Alemania y más allá.
- **2012** - Music Bank World Tour celebra un concierto en París, marcando una primera entrada en el mercado europeo.
- **2014** - La gira SM Town Live atrae a miles de fans a París.
- **2018** - Music Bank llega a Berlín, con actuaciones de EXO, Wanna One, (G)I-DLE, Stray Kids, Jeon Somi y Taemin.
- **2023** - Stray Kids encabeza Lollapalooza París; Music Bank vuelve a París.
- **2024** - SEVENTEEN encabeza el Lollapalooza de Berlín; la KCON se celebra en Frankfurt; el Music Bank llega a Amberes, y después a Madrid.

Hitos en Australia

- **Década de 2000** - La exposición temprana a través de *SBS PopAsia* y eventos locales para fans crea una base de fans bien informada.
- **2012** - "Gangnam Style" se convierte en un fenómeno cultural, como en todas partes.
- **2017** - KCON Australia debuta en Sydney, atrayendo a grandes multitudes.
- **2019** - Se agotan las entradas para la gira *In Your Area* de BLACKPINK en Sydney y Melbourne.
- **2022** - Se celebra el HallyuPopFest en Sydney.

AMÉRICA LATINA: UN FLORECIENTE CENTRO DE APASIONADOS FANS DEL K-POP

Latinoamérica se ha convertido en uno de los mayores mercados del K-pop fuera de Asia, con algunos de los fans más entregados del mundo. El amor de la región por el baile y la música escénica hace que encaje de forma natural con los espectáculos llenos de energía y las complejas coreografías del K-pop. Esta sinergia ha ayudado al K-pop no sólo a crecer, sino a prosperar en la región, transformándola en una parte crucial del panorama mundial del K-pop.

Hitos clave e impacto cultural

El K-pop se puso de moda en Latinoamérica a principios de la década del 2010, cuando los fans descubrieron en las redes sociales a grupos como **Super Junior, BigBang** y **Girls' Generation**. Pronto, ciudades como São Paulo, Ciudad de México y Buenos Aires se convirtieron en lugares de visita obligada para las giras de K-pop, con espectáculos en los que se llenaban constantemente enormes recintos. La llegada de los festivales **KCON** a México (2017) y Chile (2018) demostró lo importante que se había vuelto Latinoamérica para el K-pop.

El amor de Latinoamérica por la danza y las artes escénicas encajaba de forma natural con el énfasis del K-pop en la coreografía, lo que permitía al género conectar instantáneamente con el público a pesar de las diferencias lingüísticas. Los fans locales han desarrollado una cultura de fans distintiva, organizando **flash mobs**, reuniones de fans e iniciativas sociales, mientras que las empresas de K-pop han respondido lanzando versiones en español de las canciones y creando contenidos específicos para los medios de comunicación latinoamericanos.

La región se ha convertido en una potencia del streaming, con México y Brasil entre los principales mercados del mundo para el K-pop en YouTube y Spotify. Los grupos más nuevos, como **Stray Kids** y **NewJeans**, son enormemente populares, y las principales empresas de K-pop, como **HYBE** y **JYP**, incluso abrieron oficinas en México en 2024 para conectar mejor con el público local y apoyar las actividades de los artistas. Grandes eventos como los conciertos de **Music Bank** en Chile y México, **KCON México** y las apariciones en festivales siguen acercando a las estrellas del K-pop a los fans latinoamericanos, confirmando a la región como uno de los mercados más importantes del K-pop.

Tendencias notables y adaptaciones locales

El K-pop en Latinoamérica ha desarrollado características únicas que reflejan la dinámica cultural de la región. Los clubes de fans organizan eventos a gran escala, como **concursos de baile** de K-pop y festivales culturales, que a menudo incorporan estilos de baile locales con coreografías de K-pop. Las versiones de K-pop en español se han hecho muy populares en las redes sociales, y muchos artistas latinoamericanos han ganado seguidores por sus interpretaciones.

Las empresas de K-pop han adaptado sus estrategias específicamente para Latinoamérica, lanzando versiones en español de canciones (como "More & More" de **TWICE** y "Maniac" de **Stray Kids**) y colaborando con artistas latinos. La fuerte presencia de la región en las redes sociales ha dado lugar a campañas de marketing digital específicas y a contenidos exclusivos para las plataformas latinoamericanas.

El K-pop también ha influido en la cultura pop local, con programas de televisión latinoamericanos que presentan segmentos de K-pop y empresas locales de entretenimiento que desarrollan programas de formación inspirados en el sistema K-pop. Cada vez son más los artistas de origen latinoamericano que debutan en grupos de K-pop.

Desafíos y estrategias

La trayectoria del K-pop en Latinoamérica no siempre ha sido fácil. El gran tamaño de la región hace que las giras sean difíciles y caras de organizar, mientras que las diferentes condiciones económicas hacen que no todos los fans puedan permitirse entradas o merchandising. Pero las compañías de K-pop han sido creativas a la hora de encontrar soluciones, organizando giras por varias ciudades y con precios flexibles para llegar a más fans. También se han lanzado al mundo digital, organizando **encuentros virtuales** y creando contenidos en línea que mantienen a los fans conectados incluso cuando no pueden asistir a los espectáculos en directo.

La asociación con empresas locales ha cambiado las reglas del juego para hacer más accesible el K-pop. Las compañías se asocian con distribuidores regionales para que el merchandising sea más asequible y trabajan con los locales para mantener bajos los precios de las entradas. Si bien la barrera del idioma solía ser un gran obstáculo, las empresas ahora invierten recursos en contenido en español y equipos de redes sociales locales que realmente entienden la cultura. El hecho de que gigantes de la industria como HYBE y JYP se hayan establecido en México demuestra hasta qué punto se toman en serio Latinoamérica: ya no es un punto más en el mapa, sino una pieza clave de su puzzle global.

Resumen de acontecimientos e hitos clave:

- **2012** - Music Bank celebra un concierto en Chile, con Super Junior, marcando el primer evento de K-pop a gran escala en la región.
- **2014** - Music Bank se expande a Ciudad de México y Río de Janeiro, Brasil.
- **2017** - KCON debuta en Ciudad de México, marcando la primera vez que la convención se expande a Latinoamérica, con grupos como MONSTA X y ASTRO.
- **2018** - Music Bank vuelve a Santiago de Chile con una alineación ampliada.
- **2019** - La gira *Love Yourself: Speak Yourself* se detiene en São Paulo, atrayendo a multitudes.
- **2022** - Music Bank vuelve a Santiago, con las actuaciones de (G)I-DLE y THE BOYZ.
- **2023** - The Rose actúa en Lollapalooza Chile y Argentina, convirtiéndose en el primer grupo coreano en hacerlo;

Music Bank vuelve a Ciudad de México con ENHYPEN y STAYC.

- **2024** - RIIZE debuta en el festival Tecate Emblema de Ciudad de México; HYBE y JYP abren oficinas en Ciudad de México.

Dato curioso: Múltiples estudios han demostrado que el fandom del K-pop tiene una mayoría blanca: las personas blancas no hispanas representaban entre el 43% y el 46% del fandom global del K-pop en 2023. Contrariamente a la creencia común, las cifras son mucho menores en comparación con los fans de Asia Oriental (7% a 17%), Asia Sudoriental (8,5% a 16%), Hispanos/Latinos (9% a 16,5%) y multirraciales (6%).

LA ESTRATEGIA GLOBAL DEL K-POP: MÁS ALLÁ DE LAS FRONTERAS COREANAS

A medida que el K-pop continúa su expansión mundial, han surgido tres estrategias clave como elementos cruciales de su éxito internacional: la **diversificación del talento**, las **colaboraciones estratégicas** y la **adaptación regional**. Estos enfoques han ayudado al K-pop a trascender sus orígenes como producto netamente coreano para convertirse en un fenómeno cultural verdaderamente global.

Diversidad internacional en el K-pop

La inclusión de miembros no coreanos en los grupos de K-pop ha pasado de ser una novedad a un "deber estratégico", ampliando el alcance de cada grupo a los fans internacionales a través de rostros familiares. Para reclutar globalmente, las compañías de K-pop han aumentado las audiciones fuera de Corea, buscando activamente talentos en países de Asia, América y Europa. Este esfuerzo no sólo aporta nuevos idiomas y perspectivas culturales al K-pop, sino que también profundiza la conexión con los fans internacionales, que ven sus propios países y culturas representados en el fenómeno global. Algunos ejemplos notables son:

- **Lisa, de BLACKPINK**: Originaria de Tailandia. Lisa se ha convertido en una influyente solista de K-pop, batiendo récords y actuando como embajadora mundial de marcas como Celine y BVLGARI. Sus videos de baile atraen millones de visitas, lo que demuestra su papel como importante puente cultural.
- **Los miembros australianos de Stray Kids (Bang Chan y Felix):** Su inclusión ha sido fundamental para atraer a los fans de habla inglesa. Las retransmisiones semanales en directo en inglés de "Chan's Room" de Bang Chan reforzaron las conexiones internacionales de los fans e hicieron que el grupo fuera más accesible al público mundial.
- **Miembros japoneses de TWICE (Momo, Sana y Mina):** Estos miembros han contribuido decisivamente al éxito de TWICE en Japón, donde el grupo ocupa sistemáticamente los primeros puestos de las listas musicales japonesas con sus lanzamientos dedicados a Japón.
- **Hanni de NewJeans**: Como miembro vietnamita-australiana, Hanni aporta al grupo perspectivas tanto del sudeste asiático como occidentales, contribuyendo a su rápido ascenso mundial.
- **Minnie (Tailandia) y Yuqi (China) de (G)I-DLE:** Estos miembros amplían el alcance del grupo apareciendo en programas de variedades en sus países de origen y hablando directamente a los fans locales en sus idiomas.

Colaboraciones estratégicas globales

Los artistas de K-pop colaboran cada vez más con músicos de todo el mundo, creando proyectos que atraen a públicos diversos. Algunas colaboraciones notables son:

- **My Universe" (2021) de BTS y Coldplay:** Esta auténtica colaboración con aporte creativo compartido alcanzó el nº 1 en el *Billboard Hot 100* y atrajo a los fans de ambas bandas.

- **Colaboraciones de BLACKPINK (2020):** Al colaborar con artistas como Selena Gómez en "Ice Cream" y Lady Gaga en "Sour Candy", BLACKPINK ha contribuido a que el K-pop sea más visible para audiencias occidentales mainstream.
- **"UNFORGIVEN" de LE SSERAFIM y Nile Rodgers (2023):** Esta colaboración con el legendario productor aportó una fusión de K-pop y funk.
- **"Do It Like That" de TXT y los Jonas Brothers (2023):** TXT y los Jonas Brothers mezclaron sus estilos musicales para atraer a los fans de múltiples géneros pop.

Adaptación al mercado regional

Para resonar entre el público de diversas regiones, los grupos de K-pop adaptan su música, su idioma y sus estrategias de promoción a las culturas locales:

- **Lanzamientos en idiomas específicos:** "The Feels" de TWICE, su primer single íntegramente en inglés, se creó para el público occidental sin dejar de ser fiel a su estilo. Del mismo modo, BTS lanzó versiones separadas en japonés e inglés de "Butter" y "Permission to Dance" para maximizar el atractivo en todos los mercados lingüísticos.
- **Contenido adaptado a los fans locales:** Los grupos de K-pop hacen un esfuerzo adicional para aprender saludos y frases básicas en los idiomas locales para los conciertos, conectando con los fans durante las giras internacionales. Por ejemplo, Stray Kids se relaciona con los fans hispanohablantes a través de contenidos localizados en las redes sociales.
- **El sistema de sub-unidades:** Las sub-unidades de NCT, como NCT 127, NCT DREAM y WayV, se dirigen al público coreano, japonés y chino, respectivamente, a través de música, espectáculos y contenidos para fans específicos de cada región.
- **Colaboraciones con la cultura pop occidental:** SuperM trabajó con Marvel en materiales promocionales con

elementos visuales inspirados en Marvel, mezclando el K-pop con elementos familiares de la cultura pop occidental para atraer a los fans internacionales.

- **Contenido digital localizado:** Los videos musicales de BLACKPINK y las promociones de NewJeans incluyen cada vez más subtítulos multilingües y contenidos específicos de cada región, como los challenges de TikTok.
- **"K-pop localizado" - Localización a través de grupos de miembros locales:** Un enfoque innovador dentro de la estrategia regional del K-pop ha sido la formación de grupos compuestos íntegramente por miembros locales en países no coreanos. NiziU y JO1, ambos formados en Japón mediante colaboraciones entre empresas de entretenimiento japonesas y coreanas, ejemplifican esta estrategia. Con todos los miembros locales formados según el modelo del K-pop, estos grupos se dirigen al público local con una perspectiva cultural relacionable, mezclando elementos familiares del K-pop con matices lingüísticos y culturales nativos. Las adaptaciones de la serie de TV *Produce* en países como China (por ejemplo, *Produce Camp*) y Vietnam (*Produce 101 Vietnam*) también han intentado crear grupos adaptados localmente, demostrando cómo el K-pop sigue ampliando su presencia global integrándose directamente en los ecosistemas de entretenimiento regionales.

El secreto del éxito del K-pop va más allá de las melodías pega-dizas y las actuaciones ingeniosas: la verdadera magia está en adaptarse y conectar con los fans de todo el mundo. Mezclando diversos talentos, probando nuevas colaboraciones y ajustando las estrategias a los distintos mercados, el K-pop ha conseguido globalizarse manteniendo lo que lo hace especial. Y con caras nuevas como NewJeans y TXT probando nuevas formas de llegar a los fans, parece que la influencia mundial del K-pop crecerá aún más, moldeada por lo que quiere el público y hacia dónde se dirige la música.

CAPÍTULO 11

EL FUTURO DEL K-POP
LA QUINTA GENERACIÓN Y LA NUEVA OLA: 2023-

A FINES DEL 2022, el K-pop estaba preparado para su siguiente gran salto. La Cuarta Generación había convertido el K-pop en una sensación mundial, pero las nuevas tecnologías y las actitudes sociales cambiantes apuntaban a más cambios en el futuro. A principios del 2023, empezaron a surgir nuevos grupos de idols, lo que hizo que los fans y los expertos del sector hablaran de lo que ellos llaman la "Quinta Generación" del K-pop.

EL AMANECER DE OTRA NUEVA ERA

La quinta generación de K-pop está entrando en un mundo en el que la tecnología digital y la conexión global han alcanzado nuevas cotas. Con casi 5.000 millones de personas en las redes sociales en 2023, y **la inteligencia artificial**, la **blockchain** y la **realidad virtual** en auge, el panorama de la industria del entretenimiento ha cambiado radicalmente. El streaming musical también se ha disparado, con más de 620 millones de suscriptores pagos que han cambiado la forma en que experimentamos la música.

En este mundo superconectado, los grupos de K-pop de quinta generación están surgiendo no sólo como actuaciones musicales, sino como entidades digitales multidimensionales. Están preparados para existir sin problemas en múltiples plataformas y formatos mediáticos, mezclando mundos reales y virtuales de formas que sus predecesores ni siquiera podrían haber imaginado.

INMERSIÓN DIGITAL DESDE EL NACIMIENTO

Nacidos a mediados de la década del 2000, estos nuevos idols crecieron en un mundo que ya estaba profundamente conectado. Si bien llamarlos **"nativos del metaverso"** podría ser exagerado, han estado inmersos en las redes sociales, las plataformas de strea-ming y las comunidades online desde una edad temprana. Se nota en la naturalidad con la que manejan la tecnología y conectan con sus fans en Internet.

El entrenamiento del K-pop también está evolucionando, pero de forma sutil. Mientras lo básico -actuación, lenguaje y carácter-sigue siendo clave, se están incorporando nuevas habilidades. Los trainees aprenden ahora a manejar las redes sociales, adquieren habilidades de creación de contenidos para todo, desde vlogs a clips entre bastidores, y se instruyen en culturas globales. Incluso se están sumergiendo en la realidad virtual para las reuniones de fans, aunque eso apenas está comenzando.

DEBUTANDO EN UN MUNDO SIN FRONTERAS

La quinta generación se está lanzando a una escena de K-pop verdaderamente global. Sus predecesores les han allanado el camino, convirtiendo el K-pop de un interés de nicho en algo de lo que los fans de todo el mundo no se cansan.

Esta realidad sin fronteras se muestra en todas partes en la forma en que debutan los nuevos grupos. En lugar de limitarse a aparecer en un programa de TV en Corea, cada vez es más probable que se lancen con eventos globales simultáneos, aprove-chando las tecnologías avanzadas de streaming y las plataformas de realidad virtual para crear experiencias compartidas para los fans de todo el mundo. Los grupos en sí también son más diversos, con miembros de todas partes que aportan sus propios matices a la mezcla.

Incluso lo que se considera un "debut" ha cambiado. Ya no se trata sólo de lanzar un single: los nuevos grupos están causando sensación en todas las plataformas, desde la música hasta las experiencias de RV, **los webtoons** y **los NFT**.

Aunque es difícil decir exactamente dónde acaba una generación y empieza otra, está claro que el K-pop está entrando en un nuevo y emocionante capítulo.

GRUPOS NOTABLES DE LA QUINTA GENERACIÓN

Aunque aún es pronto para categorizar definitivamente a los grupos como de quinta generación, aquí hay algunos notables debuts recientes que podrían considerarse parte de esta nueva ola:

ZEROBASEONE (2023-Presente, WakeOne): Formados a través del programa de supervivencia *Boys Planet*, ganaron popularidad rápidamente con sus conceptos frescos y sus sólidas actuaciones.

BoyNextDoor (2023-Presente, KOZ Ent.): Conocidos por su imagen de "chicos buenos", combinada con fuertes influencias del hip-hop.

Xikers (2023-Presente, KQ Ent.): Grupo de chicos conocido por sus intensas actuaciones y conceptos teatrales, siguiendo los pasos de su grupo senior ATEEZ.

Kiss of Life (2023-Presente, S2 Ent.): Grupo de chicas que llama la atención por su sonido y sus imágenes de inspiración retro, que mezclan la nostalgia con elementos modernos del K-pop.

BABYMONSTER (2023-Presente, YG Ent.): El nuevo grupo de chicas de YG, que debutó con una mezcla del sonido característico de la empresa y una energía fresca y juvenil.

Dato curioso: BABYMONSTER, el primer grupo de chicas de YG Entertainment en siete años, realizó evaluaciones previas al debut en vivo en YouTube, lo que permitió a los fans ver el proceso de selección, un nivel de transparencia único para el debut de un grupo de K-pop.

VCHA (2023-Presente, JYP Ent.): El primer grupo de chicas de K-pop formado a través de un programa de TV estadounidense, centrándose fuertemente en el mercado estadounidense pero manteniendo los valores de producción del K-pop. Su single de debut, "Girls of the Year", alcanzó la lista *Hot 100 de Billboard*.

Plave (2023-Presente, Vlast): Grupo de chicos virtual que amplía los límites de la IA y la RV en el K-pop, con miembros y actuaciones totalmente generados por computadora.

Meovv (2023-Presente, Studio Mouse): Meovv, un girl group virtual creado con tecnología avanzada de IA, supera los límites de la actuación digital en el K-pop. Con miembros totalmente virtuales, single debut "Digital Wonderland" cautivó a los fans por sus visuales vanguardistas y sus experiencias interactivas, mostrando una visión del futuro de la cultura idol.

Zodiac (2023-Presente, One Cool Jacso): Grupo de chicos con un concepto astrológico único en el que cada miembro representa un signo del zodiaco, mostrando personalidades individuales.

HORI7ON (2023-Presente, MLD Ent.): HORI7ON, un boy group multinacional formado a través de Dream Maker, resalta la creciente colaboración entre el Sudeste Asiático y el K-pop. Su tema de debut, "Dash", muestra una coreografía vibrante y un sonido enérgico, que atrae tanto a los fans coreanos como a los internacionales.

EVNNE (2023-Presente, Jellyfish Ent.): Formado a partir de concursantes de Boys Planet, EVNNE debutó con "Trouble", combinando una narrativa emocional y unas actuaciones pulidas. Su enfoque en la sinceridad y el arte les posiciona como un destacado boy group de la quinta generación.

FANTASY BOYS (2023-Presente, Estudio PocketDol): Debutando con "New Tomorrow", los FANTASY BOYS impresionó con sus potentes voces y sus intrincadas coreografías. Sus actuaciones demuestran la promesa de un grupo preparado para causar impacto en la quinta generación.

ADYA (2023-Presente, Starting House Ent.): Conocidas por su imagen juvenil y colorida, ADYA debutó con un concepto brillante y alegre. Su tema "Periwinkle" capta un encanto juguetón, convirtiéndolas en una refrescante incorporación a la quinta generación del K-pop.

KATSEYE (2024-Presente, JYP Ent.): Mezcla elementos culturales tradicionales coreanos con temas futuristas. Su single debut, "TTBKK", llamó la atención por su fusión única de voces *inspiradas en el pansori* con una producción pop moderna.

TWS (2024-Presente, Pledis Ent.): Grupo de chicos que llamó la atención por su música autogestionada y su implicación en todos los aspectos de la creación de su álbum debut.

ILLIT (2024-Presente, Belift Lab): Este grupo de chicas debutó con un concepto integrado de IA, centrándose en el atractivo global desde el principio. Su debut se caracterizó por el uso innovador de la tecnología de hologramas, estableciendo un nuevo estándar para las actuaciones de K-pop de alta tecnología.

Riize (2024-Presente, SM Ent.): Grupo de chicos conocido por su concepto de "ídolo ciberpunk". Su debut contó con una experiencia interactiva de realidad virtual para los fans.

NEXZ (2024-Presente, JYP Ent.): Grupo de chicos que muestra la nueva dirección de JYP en conceptos de idols masculinos. Conocido por su coreografía sincronizada y su narración de historias a través de videos musicales.

HACIA DÓNDE SE DIRIGE EL K-POP

A medida que el K-pop sigue evolucionando, la industria se enfrenta tanto a apasionantes oportunidades como a importantes desafíos. La potencial quinta generación de idols del K-pop se adentra en un panorama muy diferente al de sus predecesores, moldeado por los rápidos avances tecnológicos y la cambiante dinámica global.

Integración e innovación tecnológicas

Es probable que el futuro del K-pop se caracterice por una mayor integración de las tecnologías de vanguardia:

- **Realidad Virtual y aumentada:** La RV y la RA podrían transformar nuestra forma de vivir los conciertos. Los espectáculos *Beyond LIVE* de SM ya nos están mostrando lo que es posible, con interacciones en tiempo real entre idols y fans junto a espectaculares efectos visuales.
- **IA y aprendizaje automático**: Estas tecnologías podrían personalizar las experiencias de los fans, ayudar a crear música e incluso llevar a idols virtuales a actuar junto a artistas humanos.
- **Blockchain y NFTs:** La tecnología Blockchain podría transformar el compromiso de los fans, ofreciendo coleccionables digitales únicos y permitiendo a los fans tener una participación en las actividades de sus grupos favoritos.
- **Conciertos en el Metaverso:** A medida que los espacios virtuales compartidos se vuelvan más sofisticados, es posible que veamos conciertos de K-pop celebrados íntegramente dentro de mundos digitales, haciendo que los espectáculos sean accesibles a los fans de todas partes.

Evolución del sonido y el rendimiento

Es probable que el sonido del K-pop siga evolucionando, mezclando elementos tradicionales coreanos con influencias globales. Probablemente veremos más colaboraciones entre géneros e internacionales, ampliando los límites de lo que consideramos K-pop.

Los espectáculos en directo también incorporarán más elementos tecnológicos, como hologramas y RA.

Grupos mixtos: ¿Una nueva frontera?

Los grupos mixtos en el K-pop son relativamente raros. Aunque grupos como **Kard**, **Triple H** y **AKMU** han tenido éxito, no han alcanzado las cotas de los principales grupos de chicos o chicas. Esto se debe a varios factores:

- **Desafíos de marketing:** A las empresas les resulta más fácil dirigirse a grupos demográficos específicos con grupos de un solo género.
- **Dinámica de las bases de fans:** La cultura tradicional de los fans del K-pop se ha centrado principalmente en la admiración por los idols del mismo sexo o en la atracción por los del sexo opuesto.
- **Limitaciones coreográficas:** Es difícil crear una coreografía que funcione igual de bien para los idols masculinos que para los femeninos, y que al mismo tiempo sea apropiada.
- **Factores culturales:** Algunos mercados siguen manteniendo actitudes conservadoras respecto a los grupos mixtos.

Sin embargo, una dinámica cambiante podría abrir nuevas puertas a los grupos mixtos. A medida que las audiencias globales ganan influencia, las viejas barreras pueden importar menos. Los grupos mixtos ofrecen una dinámica única y pueden explorar nuevos conceptos que los grupos de un solo género no pueden. También tienen el potencial de acabar con los estereotipos de género dentro del K-pop.

Aunque no se sabe con certeza si los grupos mixtos se convertirán en una tendencia importante en el futuro del K-pop, el constante afán de innovación de la industria sugiere que es posible que veamos más experimentos en esta dirección. A medida que el K-pop siga superando límites y redefiniéndose, los grupos mixtos podrían encontrar nuevas vías de éxito en el cambiante panorama de la industria.

El cambiante panorama de la participación de los fans

La forma en que los idols y los fans se relacionan está a punto de evolucionar de formas interesantes:

- **Interactividad mejorada:** Las redes sociales y las aplicaciones de comunicación con los fans pueden volverse más sofisticadas, utilizando potencialmente la IA para romper las barreras lingüísticas y realizar traducciones en tiempo real.
- **Participación de los fans:** Los sistemas de votación basados en Blockchain podrían permitir a los fans influir en las decisiones creativas, desde la elección de conceptos hasta las promociones.
- **Contenido generado por el usuario:** Los contenidos creados por los fans podrían integrarse más en las promociones oficiales, difuminando las líneas entre fans y creadores.

Desafíos y consideraciones éticas

La industria se enfrenta a algunos obstáculos reales de cara al futuro:

- **Saturación del mercado:** Con el sector más saturado que nunca, destacar resulta cada vez más difícil para los nuevos grupos.
- **Salud mental:** A medida que se acelera el ritmo de la industria, sigue siendo crucial proteger el bienestar mental de los idols.
- **Sostenibilidad:** Equilibrar la demanda de álbumes físicos y mercancías con las preocupaciones medioambientales plantea nuevos desafíos.
- **Privacidad de los datos:** El uso de la IA y el análisis de datos en la participación de los aficionados plantea importantes cuestiones sobre la privacidad y la seguridad de los datos.
- **Tensiones globales:** A medida que la influencia del K-pop crece en todo el mundo, navegar por la política internacional se vuelve más complicado.

Reformas de la industria

El K-pop podría ver algunos cambios significativos en su funcionamiento:

- **Sistema de formación:** Los programas asistidos por IA podrían ayudar a identificar y cultivar el talento de forma más eficiente. Las academias virtuales de entrenamiento podrían abrir oportunidades a los aspirantes a idols de todo el mundo.
- **Relaciones contractuales:** Es posible que se produzca un cambio hacia prácticas más transparentes y favorables a los idols, en las que las empresas den prioridad al bienestar a largo plazo de sus artistas.
- **Diversidad global:** La industria podría diversificarse aún más, con más trainees internacionales que aporten nuevas perspectivas al K-pop.

EL FUTURO del K-pop es un paisaje de infinitas posibilidades, lleno de innovación tecnológica, evolución cultural y expansión global. A medida que la industria sortea los desafíos y aprovecha las nuevas oportunidades, está preparada para redefinir no sólo la música coreana, sino la industria global del entretenimiento en su conjunto.

OUTRO

A MEDIDA que llegamos al final de este viaje por la historia del K-pop, queda claro que no solo estamos siendo testigos del éxito de un género musical increíble, ¡sino que estamos viendo la evolución de la cultura pop a nivel mundial!

Desde sus humildes comienzos tras la Guerra de Corea hasta su estatus actual como fuerza cultural mundial, el K-pop ha desafiado constantemente las expectativas y ha derribado barreras. Quienes piensan que el K-pop es solo una "moda pasajera" no entienden su arraigado impacto en el panorama del entretenimiento.

El simple hecho de que los Billboard Music Awards hayan decidido establecer cuatro nuevas categorías de premios específicas para el K-pop en 2023 dice mucho del lugar permanente que ocupa el K-pop en el panorama musical, uniéndose a géneros establecidos como el rap y la música latina en la escena musical de los Estados Unidos.

El secreto del éxito del K-pop no reside sólo en sus melodías pegadizas o sus impresionantes coreografías, sino en su capacidad para adaptarse e innovar manteniendo su identidad única. Es una mezcla perfecta de valores tradicionales coreanos y cultura popular global, de expresión artística y avance tecnológico, y de entretenimiento y conexión social.

De cara al futuro, el K-pop se encuentra en el umbral de otra transformación. A medida que la inteligencia artificial, la realidad virtual y la tecnología blockchain transforman el panorama del entretenimiento, el K-pop vuelve a situarse a la vanguardia de la innovación. La quinta generación de artistas de K-pop ya está experimentando con nuevas formas de conectar con los fans y superar los límites creativos, lo que sugiere que los capítulos más emocionantes de la industria pueden estar aún por llegar.

Pero quizás lo más importante es que el K-pop nos ha demostrado que la música puede trascender la lengua, la cultura y la geografía para crear conexiones significativas entre personas de todo el mundo. En una época marcada a menudo por la división, el K-pop nos recuerda que la pasión y la creatividad compartidas pueden unir a las personas de forma poderosa.

Tanto si eres fan desde hace tiempo como si eres nuevo en el mundo del K-pop, esta historia demuestra algo extraordinario: cuando la visión artística se une a la dedicación, cuando la tradición abraza la innovación y cuando los fans y los artistas se unen con una pasión compartida, puede ocurrir algo verdaderamente mágico. El K-pop no sólo está cambiando la industria musical: nos está mostrando lo que es posible cuando nos atrevemos a soñar más allá de fronteras y límites.

El ritmo continúa, el baile sigue, y en algún lugar del mundo, otra persona está a punto de descubrir el irresistible encanto del K-pop por primera vez. Mirando hacia el futuro, está claro que el viaje del K-pop está lejos de terminar. Se enfrentará a desafíos y sufrirá transformaciones, pero una cosa es segura: ha llegado para quedarse.

Bienvenidos al futuro del entretenimiento global: su lengua es coreana, pero su lenguaje es universal.

APÉNDICE

IDOLS Y GRUPOS POR

		SM Entertainment	YG Entertainment	JYP Entertainment	DSP Media	Cube Entertainment
1.ª Gen. (1997-2002)	Chico	H.O.T., Shinhwa, Fly to the Sky	1TYM	Rain (solo), g.o.d.	Sechs Kies	
	Chica	S.E.S., Hyoyeon (solo), BoA (solo)			Fin.K.L.	
2.ª Gen. (2003-2011)	Chico	TVXQ, Super Juinior, Lay (solo), SHINee	BIGBANG, Taeyang (solo), Se7en (solo), G-Dragon (solo)	2PM	SS501	BEAST/Highlight
	Chica	Girls' Generation, f(x)	2NE1	Wonder Girls, Miss A	KARA, Rainbow, Lee Hyori (solo)	4Minute, HyunA (solo)
3.ª Gen. (2012-2017)	Chico	EXO, NCT	WINNER, AKMU, iKON	GOT7, DAY6		BTOB, PENTAGON
	Chica	Red Velvet, Taeyeon (solo)	BLACKPINK, CL (solo)	Sunmi (solo), TWICE		
4.ª Gen. (2018~2022)	Chico		TREASURE	Stray Kids, Xdinary Heroes		
	Chica	aespa		ITZY, NMIXX		(G)I-DLE, LIGHTSUM
5.ª Gen. (2023-)	Chico	Riize		NEXZ		
	Chica		BABYMONSTER	KATSEYE, VCHA		

GENERACIÓN Y AGENCIA

FNC Entertainment	Starship Entertainment	HYBE Labels	Otros
			PSY (Yedang & Cream, signed with YG in 2010), Drunken Tiger (Jungle), Nell (Woolim Ent.)
			Baby V.O.X (DR Music)
F.T. Island, CNBLUE			U-KISS (NH Media), MBLAQ (J. Tune Camp), INFINITE (Woolim Ent.), ZE:A (Star Empire Ent.), TEEN TOP (Top Media)
	SISTAR	After School (Pledis Ent.)	IU (solo, LOEN Ent.), T-ara (MBK Ent.), Brown Eyed Girls (Nega/APOP), SECRET (TS Ent.), Apink (IST Ent.)
SF9	MONSTA X	BTS (Big Hit Ent.), SEVENTEEN (Pledis Ent.)	ASTRO (Fantagio), Wanna One (YMG Ent.), The Boyz (IST Ent.), Jackson Wang (solo, Team Wang), VIXX (Jellyfish Ent.)
AOA		GFRIEND (Source Music), fromis_9 (Pledis Ent.)	MAMAMOO (RBW Ent.), Dreamcatcher (Dreamcatcher Company)
P1Harmony	Cravity	TXT (Big Hit Ent.), ENHYPEN (Belift Lab)	ATEEZ (KQ Ent.), WOODZ (solo, Yuehua Ent.), ONEUS (RBW Ent.), DKZ (Dongyo Ent.), Kang Daniel (solo, Konnect Ent.), KINGDOM (GF Ent.)
	IVE	LE SSERAFIM (Source Music), NewJeans (ADOR)	LOONA (Blockberry Creative), Hwasa (solo, RBW/P Nation), EVERGLOW (Yuehua Ent.), SOMI (solo, The Black Label), STAYC (High Up Ent.), PURPLE KISS (RBW Ent.), TRI.BE (TR Ent.), Kep1er (WakeOne Ent.)
		TWS (Pledis Ent.), BoyNextDoor (KOZ Ent.)	ZEROBASEONE (WakeOne Ent.), Xikers (KQ Ent.), Plave (Vlast), Zodiac (One Cool Jacso), HORI7ON (MLD Ent.), EVNNE (Jellyfish Ent.), FANTASY BOYS (PocketDol Studio)
		ILLIT (Belift Lab)	Kiss of Life (S2 Ent.), Meovv (Studio Mouse), ADYA (Starting House Ent.)

NOMBRES DE FANDOM DE K-POP

Grupo	Nombre	Grupo	Nombre	Grupo	Nombre
1TYM	Hip Hop Village	(G)I-DLE	Neverland	PSY (solo)	PSYcho
2NE1	BLACK JACK	Girls' Generation	SONE	PURPLE KISS	PLORY
2PM	HOTTEST	g.o.d	fan god	Rainbow	Rainnous
4Minute	4NIA	GOT7	iGOT7	Red Velvet	ReVeluv
aespa	MY	H.O.T.	Club H.O.T.	Riize	BRIIZE
After School	Play Girlz	Hwasa (solo)	TWITS	S.E.S	Friend
AOA	AOE	HyunA (solo)	A-ing	Se7en (solo)	Lucky 7
ATEEZ	ATINY	iKON	iKONic	Sechs Kies	Yellow Kies
Baby V.O.X	Baby Angels	ILLIT	GLLIT	SEVENTEEN	CARAT
BABYMONSTER	MONSTIEZ	INFINITE	Inspirit	SF9	FANTASY
BEAST/Highlight	B2UTY/Light	ITZY	MIDZY	SHINee	SHAWOL
BIGBANG	VIP	IU (solo)	Uaena	SISTAR	Star1
BLACKPINK	BLINK	IVE	DIVE	SS501	Triple S
BoA (solo)	Jumping BoA	KARA	Kamilia	STAYC	SWITH
BoyNextDoor	ONEDOOR	KATSEYE	EYEKONS	Stray Kids	STAY
BTOB	Melody	Kep1er	Kep1ian	Super Juinior	E.L.F
BTS	ARMY	KINGDOM	KINGMAKER	T-ara	QUEEN'S
CL (solo)	GZB	Kiss of Life	KISSY	THE BOYZ	The B
CNBLUE	Boice	LE SSERAFIM	FEARNOT	TREASURE	Treasure Maker
Cravity	LUVITY	LIGHTSUM	SUMIT	TVXQ	Cassiopeia
DAY6	My Day	LOONA	Orbit	TWICE	ONCE
Drunken Tiger	MFBTY	MAMAMOO	MooMoo	TWS	42
ENHYPEN	ENGENE	Miss A	Say A	TXT	MOA
EVERGLOW	FOREVER	MONSTA X	MONBEBE	VCHA	VLIGHTS
EXO	EXO-L	NCT	NCTzen	Wanna One	Wannable
f(x)	ME U	New Jeans	Bunnies	Weeekly	Daileee
Fin.K.L	FINKY	NEXZ	Nex2y	WINNER	INNER CIRCLE
Fly to the Sky	Fly High	NMIXX	NSWER	Wonder Girls	Wonderful
fromis_9	flover	ONEUS	TO MOON	Xikers	road𝒴
G-Dragon (solo)	Applers	P1Harmony	P1ece	ZEROBASEONE	ZEROSE
GFRIEND	BUDDY	Plave	PLLI	Zodiac	X-BLISS

GLOSARIO

ESTOS SON algunos términos que necesitas para hablar de K-pop.

Aegyo: Comportamiento simpático y encantador, a menudo exhibido como fanservice mediante expresiones faciales, gestos y una voz más aguda.

All-kill: Una canción que alcanza el nº 1 en todas las principales listas musicales coreanas simultáneamente.

"Behind" (Detrás): Abreviatura de "detrás de cámara", que se refiere a momentos fuera de cámara de eventos, ensayos o sesiones fotográficas. Estos momentos se comparten a menudo a través de vlogs, documentales o redes sociales para mostrar a los fans el lado más genuino de los idols.

"Bias": Tu miembro favorito de un grupo de K-pop.

"Bias Wrecker": Un miembro de un grupo de K-pop que llama inesperadamente tu atención y te hace cuestionar tu lealtad a tu prejuicio original.

Bubble: Una aplicación de mensajería por suscripción lanzada por Dear U, que permite a los fans del K-pop recibir mensajes personalizados, fotos y actualizaciones de sus idols favoritos. Los fans pueden responder, creando la sensación de una conversación privada, aunque los idols no ven directamente las respuestas.

"Comeback": Término del K-pop para referirse al lanzamiento de nueva música de un artista o grupo, a menudo acompañado de promociones, actuaciones y teasers conceptuales. A diferencia del uso general en inglés, no implica que el artista haya estado inactivo o ausente durante mucho tiempo: se utiliza para cada nuevo lanzamiento, incluso si es solo unos meses después del anterior.

Ending Fairy (Hada final): El miembro que consigue el primer plano final en una actuación, a menudo con una pose dramática o memorable para la cámara. Los momentos de "ending fairy" son muy esperados por los fans.

Evento Hi-Touch: Evento de interacción entre fans en el que los asistentes se encuentran brevemente con los idols e intercambian un rápido choque de manos o un ligero toque. Estos eventos suelen celebrarse después de conciertos o reuniones de fans, y ofrecen a éstos una experiencia personal y memorable con sus idols favoritos en un entorno controlado.

Fan Cam: Grabación en video de una actuación, normalmente en un concierto o evento en directo, que se centra en un solo miembro de un grupo.

Fan Sign Event: Evento íntimo en el que los fans se reúnen individualmente con los idols para que les firmen discos o artículos. Los fans suelen intercambiar conversaciones breves y significativas con los artistas, lo que lo convierte en una experiencia muy apreciada por los fans más acérrimos.

Fanmeetings: Eventos especiales en el que idols y fans interactúan en un entorno más personal, que suele incluir sesiones de preguntas y respuestas, juegos, mini-actuaciones y actividades de participación de los fans. Las fanmeetings pueden variar en escala, desde reuniones pequeñas e íntimas a grandes eventos que parecen conciertos, con escenarios y actuaciones muy elaborados.

Fanservice: Gestos o acciones de los idols destinados a entretener o agradar a los fans, como el contacto físico o las interacciones juguetonas entre los miembros del grupo, los signos del corazón o los skits humorísticos.

Finger Herart: Pequeño gesto de la mano en el que el pulgar y el índice se cruzan para formar un pequeño corazón, simbolizando amor o afecto. Popularizado por idols del K-pop y famosos coreanos, comenzó en Corea del Sur a principios de la década de 2010 y se ha convertido en un signo de aprecio y conexión reconocido mundialmente dentro de la cultura K-pop.

"Girl Crush": Un concepto de K-pop que destaca a las mujeres audaces, seguras de sí mismas y con poder, y que atrae tanto a los fans masculinos como femeninos. Presenta coreografías fuertes, estilos atrevidos y temas de independencia y seguridad en sí mismas, que a menudo contrastan con conceptos tiernos o inocentes.

"Hard Carry": Término utilizado cuando un idol "carga" con el equipo, es decir, que lo lleva adelante haciendo una contribución excepcional al éxito de un grupo, por ejemplo, mediante una voz destacada, visuales o liderazgo durante un momento o actuación críticos.

Hiatus: Interrupción temporal de las actividades del grupo o individuales, a menudo debida a problemas de salud, motivos personales, reestructuración del grupo o incluso escándalos y controversias. Los hiatus pueden durar semanas, meses o incluso años.

Hubae (후배): En coreano, significa "junior" y se refiere a alguien con menos experiencia o que empezó más tarde en un campo común, como la escuela, el trabajo o la industria del entretenimiento. En el K-pop, los idols que debutaron antes se consideran sunbaes (seniors) respecto a los que debutan después, y respetar a los sunbaes es una parte importante de la etiqueta en la industria.

Hyung (형): En coreano, "hermano mayor", utilizado por los hombres para dirigirse a un hermano o amigo mayor. Los idols masculinos suelen utilizar este término para referirse a los miembros mayores del grupo o a los amigos mayores de la industria.

KCON: Una convención anual que celebra la cultura pop y el entretenimiento coreanos, con conciertos, encuentros de fans, paneles y exhibiciones culturales. Lanzada en 2012 en California por CJ ENM, su objetivo era conectar a los fans de todo el mundo con el K-pop y la cultura coreana. En la actualidad, KCON se ha extendido a múltiples países, convirtiéndose en el principal acontecimiento mundial para los fans del K-pop y el Hallyu.

Lead Vocalist/Rapper/Dancer - Cantante secundario/rapero/bailarín: Entre los mejores cantantes/raperos/bailarines del grupo, pero de rango inferior al cantante principal.

Líder: El miembro responsable de guiar y representar al grupo.

Light Stick: Una varita luminosa especial que utilizan los fans durante los conciertos para mostrar su apoyo a su grupo. Cada grupo tiene su propio diseño.

Main Vocalist/Rapper/Dancer -Vocalista/Rapero/Bailarín principal: El cantante/rapero/bailarín más hábil y destacado del grupo.

"Maknae" (pronunciado correctamente '*mang-nae*' en coreano): El miembro más joven del grupo.

"Member Shine": Momentos en los que un idol concreto destaca en una actuación, ya sea a través de líneas como solista, tiempo en pantalla o una actuación especial que muestre sus habilidades o personalidad únicas.

"Ment": Abreviatura de "comentario", se refiere a los segmentos hablados durante los eventos de K-pop, como los conciertos, en los que los idols interactúan con el público.

"Misión": Tarea o reto -a menudo tonto- que se da a los idols, normalmente en programas desupervivencia, programas de variedades o eventos de fans.

Music Bank: Programa musical semanal surcoreano producido por la KBS, en antena desde 1998. Presenta actuaciones en directo de populares artistas de K-pop y clasifica las canciones basándose en un sistema de listas que combina ventas digitales, puntos de emisión y votos de los espectadores.

Music Bank World Tour: Una gira mundial de conciertos en vivo de Music Bank. La gira ofrece actuaciones en vivo, con múltiples artistas de K-pop, en varios lugares fuera de Corea del Sur. Desde julio de 2011, el Music Bank World Tour se ha llevado a cabo en múltiples ciudades de Asia, Europa y América Latina, con una audiencia global en vivo estimada de 200.000 espectadores.

Noona (누나): En coreano, significa "hermana mayor", y lo utilizan los hombres para dirigirse a una hermana mayor o a una amiga. Los idols masculinos suelen utilizar "noona" para referirse a las fans o ídolos femeninas de más edad, lo que añade una capa de calidez y respeto en las interacciones con las fans.

Noona Fan (누나 팬): Fan femenina mayor que admira o apoya a ídolos masculinos más jóvenes.

Oppa (오빠): En coreano, significa "hermano mayor", y lo utilizan las mujeres para dirigirse a un hermano mayor, un amigo o un idol al que admiran. Los fans suelen utilizarlo cariñosamente cuando se refieren a idols masculinos.

OT: Significa "One True" (único verdadero); indica apoyo a la formación original de un grupo. Ej: OT8 se refiere a los ocho miembros de un grupo, enfatizando el apoyo a toda la formación.

Point Choreography (coreografía de punto): El movimiento de baile característico de una canción, a menudo repetido en el coro y destacado en las presentaciones. Diseñado para ser pegajoso y visualmente llamativo, la coreografía de punto frecuentemente se vuelve viral, con fans de todo el mundo emulando los movimientos en versiones y desafíos en redes sociales, consolidando su lugar en la cultura del K-POP.

"Prácticas de Baile" (Dance Practice): Videos en los que los idols interpretan su coreografía completa en un estudio, normalmente con ropa informal de entrenamiento o de deporte. A diferencia de los videos musicales o las actuaciones televisivas, que a menudo incluyen escenas que no son de baile o se centran en miembros individuales, los videos de prácticas de baile muestran los movimientos sincronizados de todo el grupo.

Produce: Un reality show surcoreano que se emitió de 2016 a 2019, centrado en la formación de grupos temporales de K-pop. Trainees de varias agencias competían en desafíos, y los ganadores se elegían mediante votación pública. El programa produjo grupos de éxito como I.O.I, Wanna One, IZ*ONE y X1, dando forma a la cuarta generación del K-pop. Su éxito dio lugar a derivaciones internacionales, como *Produce 101 China* y *Produce 101 Japón, que* ampliaron su influencia en todo el mundo. La serie terminó tras unas polémicas sobre manipulación de votos, pero sigue siendo un hito en la formación de grupos de idols.

Sasaeng: Fan obsesivo que traspasa los límites personales para invadir la intimidad de los idols, a menudo mediante el acoso u otros comportamientos extremos.

Selca (셀카): Abreviatura de "self-camera", que significa selfie. En el Día de la Selca, los fans publican sus propias selfies junto a fotos o recuerdos de sus idols favoritos, creando una tradición divertida e interactiva en los fandoms del K-pop.

"The Seventh Year Itch" - La comezón del séptimo año: Término del K-pop que hace referencia a los desafíos a los que suelen enfrentarse los grupos de idols en torno a su séptimo año, normalmente debido a la expiración de los contratos estándar de siete años. Muchos grupos se disuelven o sufren cambios significativos durante este periodo, ya que los miembros se replantean sus carreras. El término pone de relieve la naturaleza competitiva de la industria y la dificultad de mantener el éxito del grupo a largo plazo.

Sming (스밍): Abreviatura de "streaming", que se refiere al acto de los fans de transmitir continuamente las canciones o videos de un idol en plataformas como YouTube y Spotify para impulsar el rendimiento y la clasificación en las listas.

Stan: Seguidor especialmente dedicado y entusiasta de un artista o grupo; una combinación de "stalker" (acosador) y "fan".

Streaming Party: Esfuerzo colectivo de los fans para retransmitir simultáneamente la música o los videos de un idol con el fin de

lograr hitos, como posiciones más altas en las listas o un mayor
número de visitas. A menudo se organiza mediante campañas en
las redes sociales.

Sunbae (선배): En coreano significa "senior", refiriéndose a
alguien con más experiencia en un campo común. En el K-pop, los
sunbaes son idols que debutaron antes y a menudo actúan como
mentores o modelos para los idols más nuevos (hubaes).

Ultimate Bias: El idol favorito de un fan de todos los tiempos en
todos los grupos, por encima de sus Bias habituales.

Unnie (언니): En coreano, significa "hermana mayor", y lo utilizan
las mujeres para dirigirse a una hermana mayor o a una amiga.
Las idols femeninas también usan "unnie" para referirse a los
miembros mayores del grupo, reflejando cercanía y jerarquía.

V Live: Una aplicación de streaming en vivo en la que los idols
del K-pop interactúan con los fans en tiempo real. (V Live se ha
integrado completamente en la plataforma Weverse a finales de
2022).

"Visual": El miembro físicamente más atractivo del grupo.

REFERENCIAS

14 Korean dramas starring popular K-pop idols that you ... https://www.vogue.in/culture-and-living/content/korean-dramas-starring-popular-k-pop-idols-that-you-can-watch-on-netflix-and-viki

Asian superstars Wonder Girls open for Jonas Brothers https://www.seattletimes.com/entertainment/asian-superstars-wonder-girls-open-for-jonas-brothers/

The Brutal Daily Schedule Of A K-Pop Idol Trainee ... https://www.koreaboo.com/stories/le-sserafim-sakura-idol-trainee-kpop-debut-documentary-world-oyster-brutal-daily-schedule/

The "BTS Effect" on South Korea's Economy, Industry and ... https://shadow-twts.medium.com/the-bts-effect-on-south-koreas-economy-industry-and-culture-975e8933da56

BTS Rules the Night at the American Music Awards https://variety.com/2021/music/news/bts-american-music-awards-1235117136/

Burning Sun Scandal: A Timeline of Allegations, Arrests & ... https://www.billboard.com/music/music-news/burning-sun-scandal-timeline-seungri-jung-joon-young-8503818/

Colonialism and Popular Music https://www.atlantis-press.com/article/125964851.pdf

Confucianism Influence on Korean Pop Culture - Academia.edu https://www.academia.edu/39218730/Confucianism_Influence_on_Korean_Pop_Culture#:~:text=In%20sum%2C%20as%20seen%20in,pop%20music%20and%20the

Crafted for the Male Gaze: Gender Discrimination in the K- ... https://vc.bridgew.edu/cgi/viewcontent.cgi?article=2492&context=jiws

Encyclopedia Britannica. "K-pop." Britannica. Accessed November 23, 2024. https://www.britannica.com/art/K-pop

The Fourth Generation of K-Pop: The Next Level https://hallyuism.com/2022/02/05/the-fourth-generation-of-k-pop-the-next-level/

From cultural phenomenon to state strategy: South Korea's ... https://www.aa.com.tr/en/asia-pacific/from-cultural-phenomenon-to-state-strategy-south-koreas-hallyu-policy/2973735

Gov't to campaign for K-pop industry to go green https://www.koreatimes.co.kr/www/nation/2024/09/113_376718.html

How Social Media Helped K-Pop Become a Global ... https://www.nyucommclub.com/content/2021/11/24/how-social-media-helps-k-pop-become-a-global-phenomenon

How VR is revolutionising K-pop experiences and bringing ... https://www.tatlerasia.com/lifestyle/entertainment/bts-blackpink-vr-concerts-online-fanmeets#:~:text=As%20VR%20technology%20continues%20to,the%20setlist%20in%20real%20time.

The influence of Confucianism on Korean traditional music https://catalogue.nla.gov.au/catalog/1655924

INTRODUCTION — SM Entertainment https://www.smentertainment.-com/en/company/introduction/

JYJ and S.M. Entertainment end three-year legal spat https://www.koreaherald.-com/view.php?ud=20121130000586

Korea Traditional Musical Instruments https://artsandculture.google.com/story/korea-traditional-musical-instruments-national-gugak-center-gugak-won/QQXBWFVCGDVvKQ?hl=en

Korean ballad - Wikipedia https://en.wikipedia.org/wiki/Korean_ballad#:~:text=Gaining%20popularity%20alongside%20trot%20in,popularized%20in%20mainstream%20Korean%20culture.

Korean Crisis and Recovery https://www.imf.org/external/pubs/nft/seminar/2002/korean/

K-pop is making billions for South Korea - Asia Fund Managers https://asiafundmanagers.com/us/kpop-and-economic-impact-on-south-korea/

Kpop Trainee's Daily Schedule - kpopatmosphere https://kpopatmosphere.wordpress.-com/2020/07/11/kpop-trainees-daily-schedule/

Looking Back On Wonder Girls' 'Nobody,' A Decade Later https://www.billboard.-com/music/music-news/wonder-girls-nobody-10-year-anniversary-k-pop-hot-100-chart-8476481/

Mental Health & the Lack of Mental Health Care in the K-Pop ... https://youreignhere.-medium.com/mental-health-the-lack-of-mental-health-care-in-the-k-pop-industry-ac743ebf034a

Mirotic https://en.wikipedia.org/wiki/Mirotic

Prelude to War of K-Pop: H.O.T. vs Sechs Kies - UoH https://uofhorang.com/prelude-to-war-of-k-pop-h-o-t-vs-sechs-kies/

Psy's 'Gangnam Style' Invented YouTube's Billion Views Club https://www.billboard.-com/music/pop/psy-gangnam-style-10th-anniversary-youtube-billion-views-club-1235115043/

Sasaeng fan - Wikipedia https://en.wikipedia.org/wiki/Sasaeng_fan#:~:text=A%20-sasaeng%20or%20sasaeng%20fan,with%20sasaeng%20fans%20is%20stalking.

Sechs Kies https://en.wikipedia.org/wiki/Sechs_Kies

Seo Taiji and Boys https://en.wikipedia.org/wiki/Seo_Taiji_and_Boys

Sorry, Sorry (Super Junior song) https://en.wikipedia.org/wiki/Sorry,_Sorry_(Super_Junior_song)

South Korea in 1992: A Turning Point in Democratization https://www.jstor.org/stable/2645284

TAG Launches New Asian Touring Sector https://www.tag-group.-com/group/news/tag-launches-new-asian-touring-sector

Teddy Park production discography https://en.wikipedia.org/wiki/Teddy_Park_production_discography

'They use our culture': the Black creatives and fans holding ... https://www.theguardian.com/music/2020/jul/20/k-pop-black-fans-creatives-industry-accountable-race

This Is South Korea's K-pop Soft Power Moment https://thediplomat.-com/2022/02/this-is-south-koreas-k-pop-soft-power-moment/

¡ESPERO QUE HAYAS DISFRUTADO DEL ESPECTÁCULO!

Si este libro ayudó a enriquecer tu experiencia con el K-pop, ¿podrías tomarte un momento para compartir tus pensamientos? Incluso una calificación rápida con estrellas o unas pocas palabras pueden ayudar a otros fans a descubrir la magia de la cultura K-pop.

Solo haz clic/escanea los códigos QR a continuación o haz clic en 'Escribir una reseña del producto' en tu pedido de Amazon.

Si deseas comprar otra copia, simplemente haz clic/escanea:

감사합니다 (¡Gracias!) Del equipo de Hallyu Press 🤍